Ein Pudding für den Zaren

Alfred Marquart

Ein Pudding für den Zaren

Gerichte mit Vergangenheit

Zutaten von Eugen Maier
Zeichnungen
von Sepp Buchegger

Poller

CIP-Kurztitelaufnahme
der Deutschen Bibliothek:

Marquart, Alfred:
Ein Pudding für den Zaren:
Gerichte mit Vergangenheit
Stuttgart: Horst Poller Verlag, 1982
ISBN 3-87959-184-9

Horst Poller Verlag
Oktober 1982
ISBN 3-87959-184-9

Typografische Gestaltung:
Jürgen Reichert, Stuttgart-Stammheim

Gesamtherstellung: Süddeutsche Verlagsanstalt, Ludwigsburg

Printed in Germany
Vertrieb: Verlag BONN
AKTUELL GmbH, 7000 Stuttgart 31

Inhalt

Roaring Sellerie

In den »Roaring Twenties«, den bewegten zwanziger Jahren dieses Jahrhunderts, erfand ein unbekannter Küchenchef im New Yorker Luxushotel »Waldorf-Astoria« einen Salat aus Sellerie, Äpfeln und Nüssen – seitdem unentbehrliche Beigabe feinster Pasteten und Terrinen.

Das Stimmengewirr in der riesigen Hotelhalle nahm an Intensität zu. Die Vorstellung in der Metropolitan Opera war zu Ende, und wer bei »Sherry's« im Gebäude des alten Opernhauses keinen Platz mehr bekommen hatte, ging ins »Waldorf-Astoria« zu einem kleinen Nach-Opern-Diner. Weißbefrackte Kellner eilten geschäftig zwischen den kleinen Tischchen in der Lounge umher und servierten Cocktails.

Die kleine schlanke Frau mit den ausdrucksvollen Augen legte ihre Hand auf den Arm ihres Mannes. »Bitte«, sagte sie, als ein Kellner einen trockenen Martini vor ihn hinstellte. »Bitte.«

Er verzog das Gesicht. »Noch einen, Zelda.«

»Es ist der achte.«

»Nie!«

»Doch. Bitte, Francis, du hast genug getrunken. Laß uns nach Hause gehen. Oder etwas essen.«

»Fang nicht schon wieder an!« Das Gesicht des hübschen jungen Mannes nahm Züge von weinerlicher Gereiztheit an. »Ich weiß, wieviel ich vertrage.« Seine Worte klangen leicht verstottert.

Seine Begleiterin lächelte bitter. »Man hört es.«

Er sprang auf. »Ich bin nüchtern!« rief er mit fast hysterischer Stimme. »Und du hast es gerade nötig, mir eine Szene zu machen!«

»Bitte, Francis, bitte – ich mache keine Szene.« Die junge Frau weinte fast, so peinlich war ihr der Auftritt. »Bitte

setz dich doch, trink deinen Martini, aber dann komm, ich – ich habe Hunger.«
Der junge Mann ließ sich wieder nieder und nippte an seinem Glas. Entschuldigend blickte die Frau um sich, langsam ließ das Interesse des übrigen Publikums an den beiden wieder nach.
»Wir hätten doch dem Met-Club beitreten sollen«, sagte die junge Frau, die Zelda hieß, nach einiger Zeit.
»Warum?«
»Man kann dann in der Pause in einen besonderen Raum. Und hier machen sie jedes Jahr ein Fest.«
Er winkte ab – und trank seinen Martini aus. »Blödsinn. Ausgerechnet du, wie oft gehst du schon mal in die Oper?«
»Na hör mal...«
»Jazz, das interessiert dich doch, Tanzerei, die Oper am wenigsten. Die Belle of the South gehört da nicht hin.«
Zelda war beleidigt. »Und warum nicht – oder meinst du, wir Südstaatenmädchen können uns nicht benehmen?«
Er stand aprupt auf. »Komm«, sagte er. »Laß uns zu Ernest gehen.«
Sie schüttelte den Kopf. »Ich mag Ernest nicht, das weißt du.«
Er nickte. »Ich weiß es – eine richtige Südstaatenschönheit verachtet die Yankees. Ihr führt euch hier auf wie in einem Eisberg oder einem Schloß aus Eis.« Es wurde immer deutlicher, daß er betrunken war.
Aber die junge Frau, die Zelda hieß, gab nicht nach. »Ich gehe nicht mit zu Ernest. Du hast mir versprochen, daß wir heute abend im Waldorf-Astoria essen gehen. Ich will jetzt essen gehen, Francis, ich habe Hunger. Ernest ist um diese Zeit doch schon betrunken.«
»Ich bin auch betrunken um diese Zeit.«
»Du sagst es selber.«
»Aber ich kann mich beherrschen.« Er schwankte ein wenig, aber nur ein wenig, als gelernter Trinker hatte er sich in der Hand in solchen Momenten. Er bot ihr seinen Arm. »Bitte, Madame«, sagte er, »wenn Sie die Güte haben wollen, mir zu folgen?«
Zelda sah ihn traurig an und hängte sich ein. Sie betraten den Speisesaal des Restaurants. Der Waiter, der Kellner, der die Plätze anweist, führte sie zu einem schönen kleinen Tisch. Zelda setzte sich hoheitsvoll wie eine europäische Monarchin. Ihr Mann betrachtete sie lange.

Seine Augen waren unverhältnismäßig klar. Und sie waren unverhältnismäßig traurig, als er den Linien ihres Gesichtes folgte.
»Was sollen wir essen?« fragte sie. Es fiel ihm auch durch seinen Alkoholnebel auf, daß sie völlig verwandelt wirkte.
Er winkte mit der Hand. »Mir egal.«
Der Oberkellner, der leise neben ihren Tisch getreten war, beugte sich herunter. Falls er seine berühmten Gäste erkannt hatte, ließ er es sich nicht anmerken. »Als Vorspeise würde ich Ihnen eine neue Schöpfung des Hauses empfehlen«, sagte er. »Einen leichten Salat. Aus Äpfeln und Sellerie, mit Nüssen. Sehr schmackhaft und« – seine Stimme wurde etwas lauter – »sehr gesund! Im Vertrauen: Enrico Caruso ißt diesen Salat sehr häufig.«
Der junge Mann runzelte die Stirne. Gesund – das hörte er nicht gerne. Was gesund war, konnte nicht gut schmecken.
Aber ehe er etwas einwenden konnte, hatte seine Frau begeistert »Ja!« gesagt, dabei in die Hände geklatscht wie ein kleines Mädchen.
Der Oberkellner notierte. »Zweimal Waldorf-Salat. Sie werden die Wahl nicht bereuen. Und was darf ich sonst noch bringen?«
Zelda übernahm die Bestellungen. Der junge Mann lehnte sich zurück und dachte an die Zeit, als er seine Frau im Süden kennengelernt hatte. Wie sie damals war und heute. Wie er damals noch nicht und wieviel er heute getrunken hatte. Wie die Zeit alles verändert hatte. Lustlos löffelte er seinen Waldorf-Salat. Aber selbst er fand, daß diese Mischung recht gut schmeckte.

Johann Jacob Astor (1763–1848) stammte aus dem kleinen Ort Walldorf bei Heidelberg. Er wanderte nach Amerika aus und erwarb sich dort auf nicht immer ganz legalem Wege einen ungeheuren Reichtum. Eine seiner vielen Kapitalanlagen war ein riesiges Hotel in New York. Die 1300 Zimmer verblüfften damals alle Einwohner, denn New York war zu Astors Zeiten ein kleiner Ort. Das Hotel hat sich bis heute gehalten, es ist nicht mehr das beste, aber immer noch eines der angesehensten Hotels der Stadt – und der Welt. Nach wie vor auch feiert die Metropolitan Opera ihr jährliches Gala-Diner im Waldorf-Astoria. Aber zur feinen Gesellschaft gehören immer weniger Amerikaner. Die Halle wird heute

von Japanern und Arabern bevölkert, auch von Deutschen. Amerikaner ziehen die unpersönlicheren Ketten-Hotels (die zudem wesentlich billiger sind) vor.
Ich weiß nicht, ob Francis Scott Fitzgerald und seine Frau Zelda häufig Gast im Waldorf-Astoria gewesen sind, der Tenor Enrico Caruso war es mit Sicherheit. Die Fitzgeralds haben ihr Alkohol- und Geld-Leben vermutlich eher in Privatclubs oder feinen Villen am Riverside-Drive zugebracht, aber ganz unwahrscheinlich ist es nicht, daß der Schriftsteller, der die »tollen Zwanziger« literarisch mit seinen Romanen wesentlich mitgeprägt hat (»Der große Gatsby«, »Zärtlich war die Nacht«), mit seiner schönen Südstaatenfrau dort diniert hat, ehe die beiden zu einem gigantischen Saufgelage bei den Hemingways fuhren. Dieses Leben hat beide ruiniert. Er starb relativ jung an Herzversagen, Zelda gar wurde wahnsinnig und dämmerte ihre letzten Jahre dahin – die endlosen Ehestreitigkeiten und Gelage der beiden waren damals Tagesgespräch der New Yorker Schickeria.
Der Waldorf-Salat allerdings, der wurde wirklich in dieser Zeit erfunden.

Waldorf-Salat

Knollensellerie wird in dünne Streifen geschnitten (en julienne). Das gleiche macht man mit einer gleichgroßen Menge säuerlicher Äpfel. Man bindet mit einer leichten Mayonnaise und streut geraspelte Hasel- oder Walnüsse drüber. Der Versuch, die Walnüsse nur grob zu zerkleinern und drüberzugeben, lohnt.
Der Salat wird heute kaum noch als eigenständige Vorspeise gereicht, sondern meist zugegeben – etwa als Garnitur zu einer Wild-Terrine oder einer Scheibe Gänseleber-Parfait.

Astoria-Salat

Noch zwei Salate sind mit dem Namen des »Waldorf-Astoria« und seines Gründers verbunden. Astoria-Salat ist ein Salat aus Grapefruit- und Birnenstückchen, roter und grüner Paprika in dünnen Streifen, dazu gehackte Nüsse und eine Marinade aus Essig und Öl.

Astor-Salat

Ein Astorsalat ist ein Salat aus Gurkenscheiben, dünnen Scheiben von roten Paprikaschoten, Brunnenkresse und Radieschen, angemacht mit saurer Sahne, Zitronensaft, Öl, Salz und Pfeffer.

Amerikanischer Salat

Thomas Jefferson, dritter Präsident der Vereinigten Staaten von Amerika, vertrat sein Land in der Hauptstadt der europäischen Kochkunst. Überbleibsel dieser Amtsausübung: eine Vorspeise, die allerdings nicht jedermanns Sache ist. In Amerika jedoch findet der Jefferson-Salat reißenden Absatz.

»Und wer, bitte, soll dieser Jefferson sein?« fragte die Herzogin in strengem Ton. Ihr Schönheitspflästerchen zitterte ebenso wie ihr üppiges Doppelkinn.
»Ein Amerikaner.«
»Weiß ich«, wies sie ihren Begleiter zurecht. »Aber was für einer – es gibt viele davon.«
»Ein Demokrat.«
Die Herzogin rümpfte die Nase. »Solche Leute läßt man hier in den Salon?«
»Er soll ein interessanter Mann sein. Hat diese Erklärung seines Landes mitverfaßt, Sie wissen ...«
»Die Unabhängigkeitserklärung?«
»Ja.«
»Um so schlimmer.« Die Herzogin wandte sich ab. »Am besten, wir ignorieren ihn. Demokraten! Das hat uns gerade noch gefehlt!« Sie stand auf und verließ das Zimmer, indem sie ihrem Begleiter das Zeichen gab, ihr zu folgen. Der warf noch einen verstohlenen Blick auf den Amerikaner. So also sahen diese gefährlichen Demokraten aus ...
Der Conte de Mirabeau, dick, mit dunkelrotem Gesicht, kleinen aber wachen Augen schnaufte sich aus seinem Sessel hoch, als er Thomas Jefferson durch den Saal gehen sah. Er winkte dem amerikanischen Gesandten zu.
»Ja?« Der Gesandte blieb stehen.
»So allein?« frug Mirabeau.
»Man scheint mich nicht zu schätzen in französischen Salons.«
»Sie sind vermutlich in den falschen Salons.«
»Mag sein.«

»In meinem – ich habe nur keinen – wären Sie der Ehrengast.«
»Ja?«
Mirabeau lächelte. »Ehrungen scheinen Sie nicht zu beeindrucken.«
»In der Tat nicht. Ich komme aus einem Land, in dem Ehrungen nicht viel zählen.«
»Lassen Sie sich gesagt sein, das wird sich ändern. Das kommt daher, daß Ihr Land ein junges Land ist. In Jahrzehnten und Jahrhunderten werden Sie genauso abgewirtschaftet haben wie wir guten alten europäischen Staaten mit all unseren Verbrechen, Lastern und Krankheiten. Vielleicht noch mehr, weil Sie keine Geschichte haben, derer Sie sich manchmal schämen müßten.«
Thomas Jefferson setzte sich neben den Grafen nieder. »Sie sind sehr zynisch.«
»In Frankreich muß man das sein. Nehmen Sie Ihre Behandlung, zum Beispiel. Sie sind ein interessanter Mann, zweifellos. Interessant sein heißt wichtig sein. Und dennoch schneidet man Sie.«
»Nicht überall. Der Koch der Gräfin Gacheau hat mir sogar ein Rezept gewidmet.«
»Kleine Ehre. Wem widmen wir kein Rezept? Man schneidet Sie – weil Sie ein Demokrat sind. Nicht weil Sie Amerikaner sind. Wir leben in einem Land, das Demokraten zu fürchten gelernt hat.«
Jefferson nippte an dem Glas, das ihm ein livrierter Lakai reichte. »Mit Grund, wie ich vermute.«
»Natürlich. Ich sage Ihnen: wir stehen kurz vor einer Revolution. Es kann nicht anders sein, alle Anzeichen sprechen dafür.«
»Aber Ludwig XVI. ist kein schlechter König.«
»Aber auch kein guter.« Mirabeau zeigte mit seiner beringten fetten Hand in den Nebenraum. »Kennen Sie den da?«
»General Lafayette?«
»Wird sich auf die Seite der Revolution schlagen, wenn es losgeht. Es gibt viele wie ihn.«
»Und Sie selber?«
»Man wird sehen.« Mirabeau wedelte in der Luft herum. »Ich rieche den Duft der Revolution geradezu. Er wird immer stärker. Und andere riechen ihn auch. Deshalb hat man vor Ihnen Angst – denn man glaubt, Sie könnten ein wenig zündeln helfen, wenn's an die Revolution geht.«

»Wir halten uns da raus.«
»Ich weiß das. Nur: ein freier Mann ist in einem unfreien Land eine gefährliche Person. Ihr Beispiel könnte anstekkend sein. Sehen Sie, die Pfaffen, die da hinten auf uns zeigen – die denken, Sie seien der leibhaftige Gottseibeiuns. Und was die Kerle am meisten stört, ist, daß Sie nicht sofort der Blitz getroffen hat, als Sie die Republik ausgerufen haben. Das läßt am Weltgebäude zweifeln.«
Mirabeau zog den Amerikaner wieder in den Sessel zurück, aus dem er sich erheben wollte. »Aber wir haben genug über die tieferen Dinge des Lebens geredet, lassen Sie uns nun über die wirklich wichtigen Dinge sprechen. Das Rezept, von dem Sie sprachen, wie sah es aus?«

Thomas Jefferson (1743–1826) war der dritte Präsident der Vereinigten Staaten von Amerika. Jefferson war strenger idealistischer Republikaner, er glaubte an die Mission des Amerikanertums, das für die Menschheit zu kämpfen hätte – er stellte sich damit früh in Gegensatz zu George Washington. Jefferson war es auch, der für das Recht der Bundesstaaten eintrat, aus dem Verband auszuscheiden – ein Gedanke, der später zum amerikanischen Bürgerkrieg führen sollte. Jefferson war 1785–1789 amerikanischer Gesandter in Paris, und er hat dort, wie auch Benjamin Franklin, fleißig an den amerikanisch-französischen Beziehungen gearbeitet. In Frankreich betrachtete man den Amerikaner in royalistisch gesinnten Kreisen mit Mißtrauen: Anhänger der konstitutionellen Monarchie wie Lafayette und Mirabeau dürfte er in der Tat beeindruckt haben. Der »Jefferson-Salat«, sein Rezept, heute in vielen Hotels vor allem der amerikanischen Südstaaten zu Hause, wurde ihm in dieser Zeit gewidmet.

Jefferson-Salat

Römischer Salat (eine Kopfsalatvariante) wird in Streifen geschnitten, rote Paprikaschoten, Stangensellerie und Ananas ebenfalls. Das mischt man gut durch und übergießt es vorsichtig mit einer Sauce aus Mayonnaise, etwas Sahne, Zitronensaft, etwas Zucker, gehackter Petersilie und ein wenig mit der Gabel zerdrücktem Roquefort. Schnell servieren.

Madame speist nicht allein

Königin Marie, die Gemahlin Ludwigs XV. von Frankreich, hatte kein leichtes Leben: ihr Gemahl liebte die Frauen, nicht aber seine Gemahlin. Sie tröstete sich mit guter Küche – und einer beliebten Pastete.

Die Kammerfrau zog langsam die Rüschenvorhänge auf, aber die Königin erwachte doch. Sie räkelte sich eine Zeitlang im Bett, ehe sie geruhte, die Augen zu öffnen. »Wie spät ist es?« fragte sie ihre Zofe.

»Gleich elf Uhr, Majestät«, antwortete das ruhige junge Mädchen, das neben ihrem Bett wachte.

»Schon? Dann wird es Zeit zum Lever. Sind viele Leute da?«

»Nur wenige heute, Majestät«, gab die Hofmeisterin zur Antwort. Die ältliche Gräfin, die dieses Amt versah, blickte ein wenig verbittert. Das Lever war stets einer der Höhepunkte ihrer Tage. Wenig Leute bedeutete, daß der gesellschaftliche Rang der Königin schon wieder abgenommen hatte. Seine Majestät war Ihrer Majestät nicht mehr allzusehr gewogen – die eine oder andere Maitresse hatte sein Herz zu leicht auf ihre Seite gebracht.

Die Königin – in ihrer Leibesfülle – setzte sich an den Rand des hohen Bettes. Zwei Zofen halfen ihr auf die Füße. Sie schüttelte ihre verklebten Locken unter der weißen Nachthaube. »Die Leute sollen kommen, dann haben wir's hinter uns«, meinte sie.

Die Hofmeisterin gab ein Zeichen, die Türen des Schlafzimmers Ihrer Majestät wurden geöffnet. Zwei Diener brachten den Nachtstuhl herein – eine sinnreiche Vorrichtung, konstruiert für König Ludwig XIV., ein Stuhl aus Holz ohne Sitzfläche, an Stelle derer enthielt er eine Bettschüssel. Die Zofe zog die Gardinen vor dem Bett der Königin zu. Die Majestät schlug seufzend das lange, spitzenbesetzte Nachthemd hoch und nahm auf dem Stuhl Platz. Die Hofmeisterin assistierte ihr. Die ersten Bittsteller brachten ihre Bitten und Probleme vor, die von der Hofmeisterin genauestens protokolliert wurden. Nur selten nahm die Majestät direkt dazu Stellung.

Der Nachtstuhl wurde entfernt, die Majestät wurde von dero Friseur bearbeitet. Kunstvoll wurden die dünnen, fettigen Haare der Königin unter einer gewaltigen Perükke untergebracht. »Heute nichts Besonderes«, war ihr einziger Wunsch. »Es ist zu heiß.«
Der Friseur verstand: gestern hatte er ihr ein paar echte, lebende Singvögel im Haar untergebracht, wie in einem kleinen Vogelkäfig. Blumen, Bänder und Obst verwandte er ständig – heute aber, gemäß dem Wunsch ihrer Majestät, legte er die Perückenhaare nur in lange, dichte Locken.
Die Königin war entzückt, ihr pickeliges, durch zuviel Schminke zerstörtes Gesicht strahlte: »Das gefällt mir. Er hat es gut gemacht.«
Der Friseur verbeugte sich bis fast zum Boden. Seine Gehilfen legten dicke Schichten von Farbe auf Stirn und Wangen ihrer Majestät, färbten die Lippen mit Kirschsaft leuchtend rot und brachten ein kleines Schönheitspflästerchen am Kinn an. Die Königin war zufrieden.
Sie ließ sich hinter einen Paravent geleiten und schlüpfte aus ihrem Nachtgewand. Sie legte ein leichtes Unterkleid an, dann schnürten drei Zofen sie in eine Art Korsage aus dünnem Draht. Kunstvoll wurden auf diesem Gestell diverse, gut gestärkte Röcke drapiert – als sie wieder vorkam, war sie kaum wiederzuerkennen: eine Puppe reinster Künstlichkeit.
Die Hofmeisterin klatschte in die mageren Hände: »Eure Majestät sehen wieder entzückend aus!«
Im selben Moment wurde die Marquise de Pompadour gemeldet. Eine große, unmäßig dicke Frau stolzierte herein, ein plumper, aber vollendeter Knicks vor der Königin, die ihr huldvoll zulächelte, allerdings mit einem leicht bösartigen Unterton.
»Nehmen Sie Platz, meine Liebe. Es ist mir eine Freude, mit Ihnen zu frühstücken.« Sie wies auf einen kleinen Tisch, der für zwei Personen gedeckt war. Kleine Mohren schenkten Kaffee ein. »Ich habe Hunger«, befahl die Königin. »Bringt mir ein paar von den kleinen Pastetchen, die mir so gut geschmeckt haben. – Ihnen auch, Marquise – oder müssen Sie auf Ihre Figur achten?«
Der Pompadour entging die Boshaftigkeit dieser Bemerkung nicht, aber sie ging darüber hinweg, sie war dergleichen gewohnt. »Wenn Eure Majestät Pasteten zu essen geruhen, kann ich nicht zurückstehen.«
Ein Diener servierte kleine, kunstvoll verzierte Gebilde

aus Blätterteig. Die Königin öffnete sie mit einer goldenen Gabel und wies auf den Inhalt. »Leichtes Fleisch, eine helle Sauce, sehr bekömmlich, liebste Marquise.«
»In unserem Alter muß man darauf achten, Majestät«, gab diese zur Antwort. Der Mund der Königin wurde schmal.
»Wie nennt man diese kleinen Köstlichkeiten, Majestät?«
»Sie haben keinen Namen. Mein Küchenchef hat sie für mich erfunden, für Augenblicke wie jetzt, in denen man schnell eine Kleinigkeit in Gesellschaft lieber Freundinnen zu sich nehmen will.«
Die Pompadour lächelte. »Wir wollen sie nach Eurer Majestät nennen – Pasteten auf Königinnenart. Das scheinen sie mir wert zu sein.«
»Welcher reizende Einfall! Lassen Sie sich umarmen, liebste Freundin!« Die Königin drückte den fleischigen rechten Arm der Pompadour ein wenig zu fest. »Noch etwas, dessen man sich erinnern wird, wenn wir beide einmal nicht mehr sein werden.«

Von der Liebesleidenschaft des französischen Königs Ludwig XV. ist viel berichtet worden – in Wirklichkeit war es halb so schlimm. Die Schönheit der Pompadour ist in der Tat oft übertrieben worden: zumal in späteren Jahren ihre Aufgabe hauptsächlich darin bestand, dem König junge Mädchen zuzuführen.
Von den hygienischen Zuständen an den europäischen Höfen ist in all diesen Berichten allerdings nicht die Rede. Man bekommt einen leichten Eindruck davon, wenn man durch Schlösser der damaligen Zeit geführt wird und die sanitären Einrichtungen sucht. Badezimmer werden einem als sensationelle Seltenheit vorgestellt. Die Levers (die tatsächlich in der beschriebenen Art stattfanden) werden auch nicht gerade zum angenehmsten gehört haben – zumal, wenn ein König, dessen morgendlicher Toilette man beiwohnte, magen- und darmkrank war wie zum Beispiel der Sonnenkönig Ludwig XIV.
Doch sollen solche wenig appetitanregenden Gedanken uns nicht von den Königinpastetchen ablenken: es spricht vieles dafür, daß in diesem Fall die Legende stimmt und diese beliebteste Pastetenart (die eigentlich gar keine Pastete ist) auf Königin Marie, die Frau Ludwigs XV. zurückgeht.

Königinpastete

Die Blätterteighüllen kauft man am besten fertig beim Bäcker – sie sind so leicht nicht herzustellen.
Die Füllung kann man und sollte man selber machen. Man schneidet gekochtes Hühnerfleisch in kleine Stükke, wenn man will auch Kalbfleisch und – vor allem – Kalbsbries (obwohl Kalbfleischzutaten nicht zum klassischen Rezept gehören), dazu gedünstete, blättrig geschnittene Champignons. Das bindet man mit Geflügelrahmsauce, gibt, so man hat, ein paar Scheiben Trüffel dazu, füllt in die Pasteten, erhitzt im Backofen und serviert heiß. In Restaurants wird Worcestersauce dazugereicht. Das ist eine Unart.

Die Fülle ist nicht ganz korrekt: zwar stimmt es, daß zum klassischen Rezept Hühnerfleisch gehört, aber das Kalbsbries gehört nicht dazu (das wird oft verwechselt – Kalbsbries gehört in ein Toulouser Ragout). Unerläßlich sind Trüffel – will man die klassische Fülle herstellen.

Geflügelrahmsauce

Besondere Sorgfalt sollte man auf die Geflügelrahmsauce verwenden. Man bereitet eine weiße Mehlschwitze, die man mit Hühnerbrühe ablöscht. Die Champignons dünstet man in Weißwein und gibt den Fond ebenfalls bei. Man bindet mit frischer Sahne und etwas Butter.

Der Hummer der Revolution

Der elfte Monat im Kalender der französischen Revolution wurde Thermidor genannt. Zwei Dinge machen diesen Monat immer noch bekannt: die Hinrichtung Robespierres, die im Thermidor stattfand, und ein Hummerrezept.

Der Incroyable zupfte an seiner riesigen Krawatte, die so groß war, daß sie sein halbes Kinn verdeckte. Er schwang mit der anderen Hand den Knotenstock, den er immer bei sich trug und versuchte, wild unter dem Rand seines breitkrempigen Hutes hervorzublicken. Es gelang nur unvollkommen. Den feinen jungen Herren der halb royalistischen, halb irgendwie -istischen Gegenrevolution ging der feste Blick doch ab – so sehr sie sich auch mühten.

»Er muß sterben«, sagte er zu seinem fast gleichgewandeten Kompagnon.

»Er muß sterben – so schnell wie möglich.«

Sein Begleiter zuckte gelangweilt die Achseln, die in einer dünnen, hautengen Jacke aus längsgestreiftem Kattun steckten. »Er wird sterben, was soll's also. Ob langsam oder schnell – was gilt's?«

»Und wenn er zum Volk redet – seine Rednergabe ist nicht umsonst gefürchtet, oder?«

»Man wird ihn nicht reden lassen. Außerdem soll er verletzt sein.« Ein paar Leute kamen in das Restaurant gestürzt, Aufregung entstand. »Was ist da los?« fragte der Incroyable. »Hol die Leute doch mal her!« Er winkte mit seinem Knotenstock, aber niemand achtete auf den eleganten jungen Dandy. So mußte er selber aufstehen.

Zwei Handwerker, die an der Theke standen, spuckten aus, als er an ihnen vorbeiging. »Bürgergesindel«, brummte der eine. »Reaktionäre Rotte, die hätte man der Schwester Guillotine zum Liebsten geben sollen!«

»Hör auf!« entgegnete ihm der andere Handwerker. »Ihr habt auch das Maul gehalten, als sie Maximilien und seine Leute festgesetzt haben.« »Und was hätten wir tun sollen? Haben wir Waffen gehabt, he? Kanonen? Gewehre?«

»Und die Bürgerwehr?«
»Stand doch auf ihrer Seite!«
Der zweite Handwerker ließ sich sein Glas nochmal füllen. »Und? Hätte man wirklich nichts tun können?«
»Nichts, mein Freund, nichts. Von Anfang an haben sie uns verraten, die braven Bürger – das begann bei Dumoriez und endete mit dem Mord am wahren Freund des Volkes, an Marat. Ihre Besitzinteressen haben sie gewahrt, jawohl, und uns haben sie vorgeschickt. Als die Bastille geschleift wurde und die Tuillerien gestürmt, dafür waren wir gut, da durften wir in vorderer Reihe dabei sein und unter den Kugeln der Schweizer Garde fallen, aber als es ans Pöstchen verteilen ging, als der Lohn ausbezahlt werden sollte – da haben sie uns vergessen. Und jetzt haben sie uns den letzten Freund genommen.« Er spuckte wieder aus.

Der Incroyable, der junge royalistische Geck, hatte sich inzwischen zu den Neuankömmlingen durchgekämpft. »Nun?« fragte er begierig, »ist alles vorbei?«
Aus den Wortbrocken entnahm er, was geschehen war: Robespierre und all seine Freunde waren tot, unter ihnen Desmoulins und Saint-Just. »Er hat geblutet wie ein Schwein«, erzählte einer, der bei der Hinrichtung dabei war. »Sie haben ihn bei der Festnahme durch den Mund

geschossen, damit er nicht mehr reden konnte. Als sie ihn auf das Brett legten, rissen sie ihm den Verband weg – grauslich, sage ich euch, Bürger! Das Kinn fiel herunter, ein Blutstrom, aber dann war alles schnell vorbei. Die Schwester Guillotine liebt gründlich und endgültig!«
Alle jubelten und beklatschten den Erzähler. Alle hatten dieselbe Hoffnung und denselben Gedanken, den der Incroyable aussprach, als er wieder an seinem Tisch saß:
»Vorbei mit den Morden, vorbei mit der Schreckensherrschaft, wenn Robespierre tot ist, stirbt der Terror mit ihm – das haben wir immer gesagt, das sollten wir jetzt feiern!« Er winkte dem Kellner. »Das Beste«, verlangte er. »Champagner. Und einen frischen Hummer!«
Dienernd servierte der Kellner einen ausgelösten Hummer und füllte die winzigen Sektkelche mit einem Schluck Champagner. Er blieb hinter dem Tisch stehen, und stets, wenn einer der beiden das kleine Glas ausgetrunken hatte, füllte er sofort nach.
»Köstlich der Hummer!« bemerkte der eine Incroyable. »Wir sollten ihn ›Hummer Robespierre‹ nennen!«
»Zuviel der Ehre für den Bluthund«, meinte der andere mit Verachtung. »Wir sollten lieber einen anderen Namen finden – Hummer des Friedens oder so ähnlich.«
»Oder den Monat? ›Hummer Thermidor‹ – was haltet ihr davon?«
»Den Unsinn mit den Monaten wird man wohl bald abschaffen. Aber laß das nicht unsere Sorge sein. Die Geschichte wird einen besseren Namen finden, wenn überhaupt. Laß uns jetzt erst einmal das Ende des Mordens begießen!«
Sie stießen mit den Gläsern an.
Die Morde endeten. Die Kriege begannen. Am Ende waren Zehntausende von Franzosen dem »Friedensbringer« Napoleon Bonaparte geopfert worden – Tausende Male so viel wie dem »Bluthund« Robespierre.

Dies ist eine meiner Spezialitäten, und ich mache das Rezept anders. In Frankreich tötet man den Hummer auf eine Art, die in Deutschland verboten ist: Man zerteilt ihn durch einen Schlag mit

Maximilien Robespierre war der Advokat der Revolution – und ihr Prediger. Der Anwalt aus Arras hatte mit dem »Wohlfahrtsausschuß« die Revolution in der Hand und führte sie mit eiserner Kraft – auf den Weg zum Guten, wie er annahm. Der »Terreur«, die Schreckensherrschaft, war zum Teil seine Schöpfung, aber man überschätzt seinen Einfluß darauf – die Revolution hatte viele Strömungen, vom populistischen, fast proletari-

schen Marat bis hin zu den Freunden des Adels oder des gehobenen Bürgertums. Robespierre hielt das alles einigermaßen zusammen, ehe ihn Intrigen und schlichte Angst stürzten: die Schilderung seines Sterbens ist historisch.
Mit ihm starb letztlich die Revolution, nach ihm kam das Direktorium und durch das Direktorium der Kaiser Napoleon. Aber die Incroyables, junge geckenhafte Schläger, die hauptsächlich der royalistischen Partei angehörten, hatten die Gesellschaft der Revolution schon lange vorher zermürbt. Die Hauptstadt Paris war der Revolution müde, und sie ergriff freudig die Gelegenheit, sie gemeinsam mit ihrem Zuchtmeister loszuwerden.
Der Hummer Thermidor ist nach dem Monat Thermidor des revolutionären Kalenders benannt – ob er allerdings eine Frucht der Erleichterung über den Tod Robespierres ist, das ist mehr als umstritten. Es gehört wohl in den Bereich der Legende. Neben Hummer Newborg, Hummer armoricain und Hummer parisien ist es die bekannteste Zubereitungsart.

Hummer Thermidor

Man läßt Wasser mit etwas Essig, Zwiebeln, Mohrrüben, Pfefferkörnern aufkochen. Man wäscht und bürstet den lebenden Hummer und gibt ihn kopfüber in das siedende Wasser. Entgegen allen Gerüchten ist er sofort tot. Das pfeifende Geräusch, das manchmal zu hören ist, kommt daher, daß die Luft aus dem Panzer entweicht und ist kein »Schrei« des Tieres. Beim Kochen färbt der Hummer sich rot. Je nach Größe muß er 20–35 Minuten im siedenden Wasser sein.

Man schwitzt gehackte Schalotten in etwas Butter leicht an, löscht mit Weißwein ab, kocht die Sauce gut ein und schmeckt mit etwas Sahne ab. Man gibt ein paar Löffel Béchamelsauce bei und würzt kräftig mit Senfpulver.

Man schneidet das Fleisch der Hummerscheren in kleine Würfel, bindet diese Würfel mit einem Teil der Sauce und gibt sie in die Schalen zurück. Ähnlich verfährt man mit dem Hummerschwanz, dessen Fleisch wird in Scheiben geschnitten. Man gibt die restliche Sauce darüber, bestreut mit geriebenem Käse, gibt ein paar Butterflöckchen drüber und überbäckt im heißen Ofen.

dem Schlagmesser der Länge nach in zwei Teile. Deshalb taucht man den Hummer bei uns in kochendes Salzwasser und teilt ihn erst danach. Dann öffnet man mit einer Küchenschere seitlich die Zangen und hebt deren obere Teile ab.
Die beiden Hummerteile werden mit der Schale nach oben in einen Bräter gelegt und 15 Minuten bei 250 Grad im Ofen gelassen, wobei man drei- bis viermal geklärte Butter drübergießt.
Für die Sauce eine gewürzte Béchamel-Sauce mit einem Eigelb und zwei Löffeln Sahne verfeinern. Zwei Teelöffel scharfen Senf zugeben. Das Hummerfleisch in Scheiben schneiden und mit der Sauce in die ursprüngliche Lage zurücksetzen.
Das Ganze wird nun mit einer Sauce Mornay oder Sauce hollandaise nappiert (überzogen) und überbakken. Beide Saucen gelten als klassisch, ich glaube, das Ursprungsrezept wurde mit Sauce Mornay gemacht, mir sagt die mildere und leichtere Sauce hollandaise eher zu.

Stullen für Dandies

Weil er die Karten nicht aus der Hand legen wollte, erfand der Earl of Sandwich die dreieckig geklappten belegten Brote, die heute Parties und Empfänge auf der ganzen Welt zu einer qualvollen Angelegenheit machen. In Großbritannien gelten sie zu Recht als Delikatesse.

Die Luft war zum Schneiden dick. Auch sonst sah es in dem großen Raum nicht gerade sauber und ordentlich aus, den John Montagu, der vierte Earl of Sandwich und erste Lord der Admiralität, als Spielzimmer benutzte. Halbvolle Gläser standen herum, überall Tabakreste, und die grüne Filzunterlage des Spieltisches war bereits sehr fleckig geworden. Der Butler hüstelte, als er eintrat.

»Der Rotwein wird warm, James. Bringen Sie neuen!« befahl der Earl of Sandwich.
»Sehr wohl, Mylord. Darf ich mir erlauben zu fragen, ob Mylord heute abend gute Karten haben?«
»Sie dürfen, James. Mein Blatt ist beschissen.«
»Sehr wohl, Mylord. Wünschen die Herren noch etwas?«
James schenkte gut gekühlten Bordeaux nach, ganz so, wie ihn die Engländer lieben. Der Gegenüber des Gastgebers, Viscount Hadden of Haddockshire, stierte den Butler aus leicht glasigen Augen an.
»Ich habe Hunger«, verkündete er.
»Später, später«, fuhr ihn der Earl of Sandwich an. »Wir können morgen essen. Wenn wir fertiggespielt haben.«
»Ich habe seit gestern nichts mehr in den Magen gekriegt«, murrte der Viscount.
»Wie spät ist es eigentlich, Johnnyboy?« fragte der Dritte im Bunde, Lord Fitz-Simmons.
»Gute Frage. Wie spät ist es, James?«
Der Butler blickte auf die große Standuhr, die deutlich sichtbar zwischen den Fenstern angebracht war. »Zwölf nach drei Uhr, Mylord. Drei Uhr morgens.«
»Zwölf nach drei Uhr morgens, Fitzyboy. Beantwortet das deine Frage?«
»In der Tat. Danke.«
»Wer ist dran?«
Viscount Hadden of Haddockshire bestand darauf, Hunger zu haben. Angewidert lehnte sich der Earl of Sandwich zurück. »Fressen wir oder spielen wir, was ist?« frug er seine Kumpane. »Wir spielen seit achtzehn Stunden«, fuhr ihn der Viscount an. »Nichts zu beißen gehabt die ganze Zeit. Bin ich ein Pferd, daß ich wiederkäuen kann?«
»Du verwechselst die Tiere, mein Bester. Kühe käuen wieder. Pferde nicht, das sind die mit dem großen Gehirn.«
»Landjunker!« Zwischen den beiden kam es zum Streit. Beide waren übermüdet und gereizt, der Viscount hatte zudem viel verloren. Alte Spielergeschichten wurden ausgekramt, sie warfen sich gegenseitig Betrügereien vor. Mißbilligend baute sich Butler James vor seinem Herrn auf.
»Soll ich nicht doch etwas servieren lassen, Mylord?«
»Wir unterbrechen das Spiel nicht, James. Die beiden werden sich wieder beruhigen.«
»Ich weiß, Mylord. Wie immer, Mylord.«

»Sie streiten sich jedesmal.«
»Ich weiß, Mylord. Es ist mir nicht entgangen. – Soll ich nicht wenigstens ein paar Brote richten lassen?«
Der Earl wurde weiß im Gesicht. »Brote – James?«
»Belegte Brote, Mylord.«
»Belegte Brote, James? Wie der Pöbel? Sind wir ein Dart-Club aus dem East-End, der seinen Sonntagsausflug macht? By Jove, James, ich bin noch nie so beleidigt worden!«
»Ich meinte natürlich, wirklich belegte Brote, Mylord. Mit wirklichen Dingen drauf, Sie verstehen.«
Der Earl of Sandwich überlegte. Der Streit der beiden anderen Spieler wurde immer heftiger. Vielleicht würde etwas zu essen sie beruhigen ... »Aber wir müßten aufhören zu spielen«, sinnierte er. James schüttelte den Kopf.
»Wir könnten die Brote zusammenklappen, Mylord. Dann könnten sie mit der einen Hand die Karten halten, mit der anderen essen ...«
Weiter kam er nicht. Der Earl sprang aus seinem Stuhl auf. »Zusammengeklappte Brote, James? Wie ein Arbeiter? Sie sind entlassen.«
»Jawohl, Mylord.« James wandte sich zur Tür. »Wenn Sie mir noch eine letzte Bemerkung erlauben ...«
»Bitte!«
»Ich dachte natürlich nicht daran, die Brote in der Mitte so einfach zusammenzuklappen. Ich dachte an Toastbrot, Mylord. Viereckig. In der Mitte halbiert, von einem Eck zum anderen, Sie verstehen?«
»Natürlich nicht.«
»Das Endergebnis wäre dreieckig, Mylord.«
»Bleiben Sie!« Der Earl brüllte seine beiden Partner an. »Seid endlich mal ruhig!«
»Er betrügt!« Der Viscount zeigte auf Lord Fitz-Simmons. »Quatsch!« Der Earl of Sandwich zeigte auf seinen Butler. »Er hat den Einfall aller Einfälle gehabt! Wir essen und spielen! James – die Brote!«
»Brote?« Die beiden anderen zogen jeweils die linke Augenbraue kunstvoll nach oben, ein Zeichen höchster Mißbilligung.
»Brote, meine Freunde. Sie werden den Ruhm der englischen Küche in alle Kontinente tragen.«
Was in der Tat der Fall war. Der Einfall des vierten Earl of Sandwich – oder seines Butlers – ermöglichte nicht nur unserer Runde, nächtelang zu pokern. Auch auf Empfängen machte man sich die Hände nicht mehr schmutzig,

und in manchem Theaterfoyer mampfen die Besucher vergnügt das, was heute nach seinem Erfinder heißt: Sandwich. In Oscar Wildes »Bunbury« frißt Algernon die Gurkenscheiben von den Gurkensandwiches weg, und der Five-o'clock-tea im Wintergarten des »Ritz«, fester Bestandteil jeden London-Aufenthalts und oft einzige Gelegenheit, etwas Vernünftiges zwischen die Zähne zu bekommen, ist ohne diese kleinen dreieckigen Schnittchen nicht mehr denkbar. Sie haben sich die Welt erobert – nur in Berlin hält sich noch hartnäckig die ebenfalls umgeklappte Wurst-, Salami- oder Schinken-Stulle, und die Franzosen nennen ihre aufgeschnittenen und belegten Baguettes zwar »Sandwich«, sind aber nicht bereit, das labbrige Toastbrot zu essen, aus dem Sandwiches eigentlich gemacht sein sollten.

Sandwiches

Ein Sandwich kann mit allem und jedem belegt werden – mit Gurkenscheiben (besonders elegant) oder Geflügelfleisch, mit dünn geschnittenem Käse und Schinken und Ei, einfach mit Mayonnaise und ein paar Kräutern, vorzugsweise Dill, mit Zunge, Lachs, Sardellen oder Thunfisch, mit Roastbeef oder Gänseleber. Wichtigstes Geheimnis: ein Sandwich muß hauchdünn geschnitten sein. Da ein Sandwich auch mit Butter bestrichen werden muß, beherrscht die englische Hausfrau einen Trick: das weichlich-labbrige Brot bricht natürlich in der Mitte sofort heraus, wenn man erst die abgeschnittene Scheibe bestreicht. Man buttert die Scheibe am Brotlaib und schneidet sie erst dann ab. Sie wird vollständig belegt und erst danach quer durchgeschnitten und zu dem berühmten Dreieck gelegt. Mir munden Gurkensandwiches (für die man Salatgurken nimmt) am besten – dazu natürlich Tee. Oder umgekehrt: zum Tee natürlich Gurkensandwiches und kein Kuchen. Das wäre shocking!

Ein Sherry in der Suppe

Als dem betrunkenen Regimentskoch die Sherry-Flasche in die Schildkrötensuppe fiel, freute sich die Gemahlin des britischen Vizekönigs. Seither führt dieses Gericht den Beinamen »Lady Curzon«.

Fitzroy schob den Tropenhelm aus dem Gesicht. Dort, wo er normalerweise auf der Stirn aufsaß, gab es eine Trennlinie zwischen schwarz und weiß in seinem Gesicht – die untere Hälfte sonnenverbrannt, fast verglüht, die obere weiß wie die Haut einer jungen Frau daheim im Hochland. Aus der Ferne sah es wie ein Säbelhieb quer über die Stirne aus. Fitzroy blinzelte in die Sonne und hob sein Glas. »Kandahar!« sagte er nur. Sein Gegenüber nickte. »Kandahar!« wiederholte er.

Percy Stapleton war zu müde, um zu antworten. Er deutete ein Fingerschnippen an. Ein Boy näherte sich ehrerbietig. Percy zeigte auf sein leeres Glas, der Boy verstand.

»Verdammt heiß hier«, sagte Fitzroy. Percy grunzte nur.

»Verdammtes Indien!« setzte der jüngere der beiden Offiziere hinzu, mehr aus Mode oder Laune heraus – zu stolz war er auf seine gutsitzende rote Uniform und die Tatsache, daß sie ihn als Vertreter der herrschenden Rasse und Klasse auswies. Percy grunzte noch einmal. Er war so eine Art bemoostes Haupt im indischen Vizekönigreich. Fitzroys Stolz ärgerte ihn fast ein wenig. Aber die abschätzige Bemerkung störte ihn noch mehr.

»Könnte schlimmer sein«, bequemte er sich zu einer Entgegnung.

»Habe schon an schlechteren Orten gedient, weiß Gott. Wenigstens ein Stückchen gutes altes England hier!« Der Boy stellte ein kühles Getränk vor ihn hin. Percy schnüffelte. »Der Whisky ist gut, die Küche ist wie zu Hause.«

Fitzroy beugte sich interessiert vor. »Habe auch schon Wunderdinge gehört.«
»Bester Koch der Welt. Original britische Küche, junger Freund. Keine ausländischen Experimente. Rohes Fleisch und so.« – »Kein bißchen indischer Einschlag?« – »Absolut nicht. Gemüse – zerfällt bei der Berührung, Fleisch, schön durch und fasrig – Sauce die Menge, Puddings, hinterher wird's dir übel, wie daheim. Gutes altes England.« Im Gedenken an die regnerische Insel leerte Percy sein Glas. Fitzroy nestelte am Kinnriemen seines Helmes herum und gab keine Ruhe.
»Koch soll beim Vizekönig ausgebildet worden sein?«
Percy sehnte sich in die muffige Luft seines Clubs zurück, in dem jeder, der einen anderen ansprach, sofort hinausgeworfen worden wäre. Er hielt dem Neuling zugute, daß er im Vizekönigreich die Gebräuche noch nicht so recht kannte. »Leibkoch des Vizekönigs sogar. Hat nur einen kleinen Nachteil.« Er beugte sich vertraulich vor. »Flasche – mehr sage ich nicht.«
»Säufer?«
»Sagen wir – trinkt ganz gerne. Passiert auch mal was dabei.« Percy kicherte in Erinnerung an die vielen kleinen Späßchen, die er mit dem Garnisonskoch schon erlebt hatte. Das baute auf, brachte Licht in den trüben soldatischen Alltag. Davon konnte man später am Kamin erzählen. »Hat neulich sogar ein neues Rezept erfunden.«
»Ach!« Fitzroy suchte nach Worten. »Neues Rezept? Braucht die gute alte englische Küche doch nicht, oder?«
»Nein. Hat genug Rezepte, weiß Gott.« Percys Bauch – in seinen Kreisen sagte man Embonpoint – wackelte, als er lachte. »War aber nicht schlecht. Soll sich ein Gläschen eingeschenkt haben, Sherry, Sie verstehen?« Fitzroy nickte. »Dabei ist ihm das Gläschen in die Suppe gefallen, und als er's rausholen wollte, auch die ganze Flasche!« Percy wollte sich ausschütten vor Lachen, Fitzroy wirkte ein wenig indigniert – er fand den Kasernenhumor noch nicht so komisch, wollte sich das aber nicht anmerken lassen. »Und?« fragte er.
Percy blickte ihn vernichtend an. »Die Suppe war für den Vizekönig. Mußte sich natürlich was einfallen lassen. Hat Sahne nachgegeben. Um den Alkoholgeschmack zu vertuschen.«
»Und?« – Fitzroy schien überhaupt keine Phantasie und noch weniger Humor zu haben.

»Vizekönig war begeistert, seine Gemahlin auch. Suppe Lady Curzon – so hieß das nämlich auf der Speisekarte.« Percy schüttelte in der Erinnerung den Kopf. »Schade um den schönen Sherry!« Er wollte weiterreden, aber eine Ordonnanz baute sich vor ihm auf.
»Was ist, Musgrave?«
»Befehl zum Ausrücken, Sir.«
Percy schüttelte traurig den Kopf. »Wird nie was werden, aus den Indern«, meinte er, »halten sich nicht an die Teezeit. Kommen Sie, Musgrave.«

Der Wein, der in Gerichte fällt, in unserem Fall in eine Schildkrötensuppe, ist alter Bestandteil kulinarischer Legenden. Wahr in unserem Fall, nachweisbar wahr, ist lediglich, daß die »Schildkrötensuppe Lady Curzon« für die Frau des britischen Vizekönigs von Indien erfunden wurde, Marquess Curzon of Kedleston (1859–1925). Schildkrötensuppe gehört zum eisernen Bestand der britischen Küche, das Kolonialreich lieferte die Schildkröten dazu. Zahlreich wie die Rezepte sind auch die Kochwitze, wie man eine Schildkröte aus ihrem Gehäuse lockt, um sie zu kochen. Wir überlassen das heutzutage der Industrie. Sie züchtet Suppenschildkröten und kocht auch die Suppe für uns vor – was die Naturschützer nicht glauben, sie sehen die Art bedroht.

Wichtig ist, das Curry-Pulver nicht einfach auf die Sahne zu geben, sondern mit der Sahne zu vermischen. Curry-Pulver obendrauf würde beim Überbacken verbrennen und bitter schmecken.

Schildkröten-Suppe Lady Curzon

Weswegen zur Herstellung einer Schildkrötensuppe Lady Curzon auch vorwiegend ein Dosenöffner benötigt wird. Mit dem öffnet man eine Dose feinster Schildkrötensuppe, läßt sie heiß werden, gibt in jede Suppentasse einen Eßlöffel Sherry, die Suppe drüber und krönt mit einer Haube geschlagener Sahne. Wer's ganz korrekt machen will, gibt in diese Sahne etwas Curry-Pulver und überbäckt kurz und schnell im Ofen.

Die Suppe des Königs

Eine rührende Geschichte über Franz I. von Frankreich erzählt man sich in der Gegend von Pavia. Auf der Flucht vor seinen kaiserlichen Feinden habe er bei einer einfachen Bauersfrau zur Schöpfung einer inzwischen in ganz Italien beliebten Suppe beigetragen.

Der elegante Mann auf dem schwarzen Pferd schäumte vor Wut. Seine zwei Begleiter hielten sich ein wenig zurück: sie wollten, wenn möglich, wenig von seinem Zorn abbekommen. »Der König amüsiert sich nicht«, flüsterte der eine dem anderen zu. »Nein«, erwiderte der, »er amüsiert sich nicht.«

Der König drehte sich um. »Wo bleibt ihr?« brüllte er. »Oder seid ihr auch solche Verräter, die wollen, daß ich den Kaiserlichen in die Hände falle?«

Die beiden gaben ihren Pferden die Sporen. Niederlage oder nicht, ein König blieb ein König, und seine Macht mochte immer noch ausreichen, zumindest ihnen das Leben schwer zu machen, sie in einen Kerker zu stecken oder ihnen ihren Kopf vor die Füße zu legen. Das wollten sie denn doch tunlichst vermeiden.

»Wo sind wir?« fragte der König.

»Immer noch in der Nähe von Pavia, Sire!« antwortete einer seiner Begleiter.

Der König knirschte mit den Zähnen, als der Name der Stadt genannt wurde. »Wir hatten sie fast«, knurrte er. »Fast – ein paar Stunden noch, und an meiner Stelle ritte der Kaiser davon!«

»Fast ist nicht ganz, Sire«, wagte der andere seiner Begleiter zu erwidern.

»Das weiß ich selber!« schnauzte der Monarch zurück, »das weiß ich wirklich selber!«

Sie ritten eine Zeitlang schweigend dahin. Die Ebene war flach, es war heiß, die Sonne hatte die ganze Gegend regelrecht aufgeheizt. Es war so diesig, daß man nicht weit sehen konnte, obwohl die weite Po-Ebene bis zum Horizont zu reichen schien. Die Luft flirrte, Myriaden von Mückenschwärmen umsirrten die Reiter.

»Ich habe Hunger«, sagte der König.
»Wir auch, Sire.«
»Dann laßt uns suchen, ob wir einen Ort finden, wo wir was zu essen auftreiben können, und etwas Wasser und ein paar Maulvoll Hafer für die Pferde!«
Es gab kaum Dörfer in der Bassa, und die paar, an denen sie vorbeikamen, waren niedergebrannt worden. Zu lange hatten sich die kämpfenden Heere der beiden Seiten in der Gegend herumgetrieben – die Landsknechte hatten sich geholt, was sie brauchten. Und den Rest niedergebrannt.
Einer der Begleiter des Königs wies in die diesige Ferne. »Da scheint ein Gehöft zu sein!« Sie ritten langsam und vorsichtig näher.
Der König schickte die Begleiter vor, um zu erkunden, ob sich feindliche Soldaten herumtrieben. Es war ein ärmliches Gehöft: ein steinernes Haus (immerhin), strohgedeckt, ein einziger Raum, an den sich der Stall anschloß. Die Feuerstelle stand offen im Hof. Noch heute sehen die Bauernhäuser in der Bassa nicht viel anders aus, wenn sie auch insgesamt etwas komfortabler sind. Sie klopften. Alles blieb ruhig. Sie klopften noch mal. Der eine gab dem anderen einen Wink, sie zogen ihre Degen und stießen die Türe auf. Der große Raum, in dem es heiß war und der nicht gerade einnehmend roch, schien leer zu sein. Einer der beiden bemerkte in einem Winkel so etwas wie eine Bewegung, er stürzte hin und zog unter Lachen eine alte Frau aus ihrem Versteck. Die Alte jammerte und flehte um ihr Leben.
Die beiden lachten. »Wir tun dir nichts«, sagte der eine, der ein wenig italienisch sprach. »Wir haben nur Hunger. Mach uns was zu essen.«
»Ich habe nichts hier, die Soldaten haben mir alles weggenommen. Ich bin arm.«
»Du wirst gleich den König von Frankreich unter deinem elenden Dach beherbergen, Alte! Also schaff' was ran!«
Der Franzose schnüffelte am Herd herum und öffnete einen Topf. »Na bitte – was hab ich gesagt, Brühe – wenigstens etwas. Hast du Heu im Stall und Wasser im Haus, Alte?«
Die Frau nickte und machte sich seufzend und wehklagend daran, zusammenzusammeln, was sie fand. Der König stieg vom Pferd und betrat die Hütte – mißbilligend sah er sich um. »Der Louvre ist das nicht«, meinte er schnüffelnd.

»Hauptsache, Sire, wir bekommen etwas zwischen die Zähne!« Die Alte hatte den Herd angefacht. Es wurde noch heißer im Raum.
»Was ist das?« fragte der König.
»Suppe.«
»Igitt. Ist das alles?«
Der zweite Franzose kam von einem kurzen Inspektionsgang zurück und legte ein paar frische Hühnereier auf den Tisch. »Besser als nichts, Sire«, sagte er. »Kaiserliche sind keine zu sehen. Und wenn sie kommen, werden sie den König von Frankreich wohl kaum in solch elender Hütte vermuten.«
Die Alte brachte zitternd etwas altbackenes weißes Brot und ein Eckchen Parmesankäse herbei. Die Suppe brodelte heftig.
»Hau die Eier in die Pfanne«, sagte der eine der Franzosen zum anderen. Aber ehe er sein Vorhaben ausführen konnte, nahm ihm die Alte die Eier aus der Hand. »He, du

alte Vettel...« konnte er gerade noch rufen, aber die Alte machte ihm ein Zeichen zu schweigen.
Sie holte ein paar leidlich saubere Teller aus einem Verschlag neben dem Herd, röstete schnell ein paar Weißbrotscheiben über dem offenen Feuer, legte die in die Teller, schlug die Eier darauf, schabte etwas von dem scharfen Parmesan-Käse ab und goß heiße Brühe drüber. Sie stellte die Teller vor die Franzosen und machte ihnen Zeichen, zu essen.
Der König probierte und verzog kennerisch den Mund. »Nicht übel«, meinte er, »ganz und gar nicht übel – diese Suppe aus Pavia mundet mir mehr als meine militärischen Erlebnisse.« Ein Satz, den er mit noch tieferer Überzeugung ausgesprochen hätte, wenn er gemerkt hätte, daß kaiserliche Soldaten still und leise die Hütte umstellten. Als er seine Suppe fertig gelöffelt hatte, war Franz I. von Frankreich Gefangener des Kaisers.

In dieser Gefangenschaft hat Franz I. von Frankreich dann dem Kaiser Zugeständnisse machen müssen, an die er sich nicht gehalten hat – wie man's von ihm auch nicht anders erwarten konnte. Franz I. hat zwar die Schlacht bei Pavia (1525) verloren, aber er war und blieb dennoch ein lebenslustiger Mensch. Die gute Küche hatte es ihm genauso angetan wie schöne Frauen; er war in der Tat einer, der sich zu amüsieren wußte. In Victor Hugos Stück »Le roi s'amuse«, dem literarischen Vorbild von Verdis »Rigoletto«, spielt dieser Charakterzug Franz des Ersten dann auch die Hauptrolle.

Zuppa pavese

Weißbrot (eine Scheibe pro Person) wird getoastet oder geröstet, man schlägt vorsichtig ein rohes Ei hinein (man drückt eine kleine Vertiefung hinein), gibt etwas Salz und reichlich geriebenen Parmesan drüber und gießt kochend heiße Fleischbrühe darüber. Sofort servieren.
Eine Variante (es ist umstritten, ob es nicht das Originalrezept ist) besagt, daß man diese Suppe im Ofen kurz überbäckt, bis das Eigelb zu gerinnen beginnt. Tut man dieses, gibt man die Brühe zuerst in den Teller, und dann erst das Brot mit dem Ei und dem Käse. Man kann das Brot auch vorher mit einer Knoblauchzehe einreiben.

Des Apothekers Wurzel

In Deutschland, vor allem im Badischen, besingt man den Franz Drake (sprich: Sir Francis Drake) als den Vater des deutschesten aller deutschen Grundnahrungsmittel, der Kartoffel.

In Frankreich, wo man mehr Kartoffeln ißt als hierzulande, hat man an Drakes Stelle nur einen einfachen Apotheker zu bieten.

Es war heiß und staubig. Antoine Parmentier, seines Zeichens Regimentsapotheker, dem es oblag, vom Rasieren bis zu mittelschweren Amputationen alles auf sich zu nehmen, was ein Regiment von ihm verlangte, stöhnte. Jetzt wußte er, warum man Brandenburg des Heiligen Römischen Reiches Streusandbüchse nannte. Er trottete müde hinter seinen Regimentskollegen her. Fast das ganze Regiment war beisammen, einer hinter dem anderen, die schmucken Uniformen waren schmutzig, die schönen Stiefel hatten löchrige Sohlen, die Hüte waren, soweit überhaupt noch vorhanden, halb zerfetzt, die Frisuren aufgelöst – und was das Schlimmste war: Waffen hatten sie alle keine mehr. Denn sie waren Gefangene.
Antoine Parmentier hatte sich seinen Einzug im Lande des Königs von Preußen anders vorgestellt – im Kreise siegreicher Truppen. Aber das hatte wohl nicht sein sollen. Er taumelte. Ein preußischer Soldat versetzte ihm einen Kolbenstoß. »Weiter!« herrschte ihn der Vertreter der Siegermacht an. Parmentier schluckte. Das war wohl das Ende seiner Apothekerkarriere beim französischen Militär. Er seufzte und trottete weiter. In der Hitze und dem Staub, seinen Regimentskameraden nach, immer geradeaus, den Weg, den ihm die preußischen Kolben wiesen. – Ein paar Wochen später fühlte sich der junge Franzose bereits erheblich wohler. Zwar war mit den siegreichen Truppen immer noch nichts, aber Parmentier, in einem eher leger bewachten Gefangenenlager untergebracht, hatte sich mit dem preußischen Arzt angefreundet, mit einem biederen Berliner. Die beiden saßen des abends oft auf einer kleinen Bank vor der

Hütte, die als Schlafquartier der preußischen Wachmannschaften diente, rauchten geruhsam ihre Pfeifen – der Berliner hatte dem Franzosen beigebracht, wie man sie richtig stopfte – und unterhielten sich.
Parmentier hatte eines Tages eine Beobachtung gemacht, die er seinem deutschen Freund mitteilte: »Diese Felder, die wir heute gesehen haben, Sie erinnern sich?«
Der Berliner nickte.
»Sie sind scharf bewacht.«
»In der Tat.«
»Warum?«
Der Berliner nahm die Pfeife aus dem Mund. »Eine Idee des Königs.«
»Des Königs?«
»Ja. Schaun Sie: wir sind ein armes Land, Sie mußten es per pedes durchqueren, es wird Ihnen aufgefallen sein. Wir führen einen Krieg gegen reiche Länder, wie das Ihre, den müssen wir bezahlen. Wir werden nicht reicher durch den Krieg werden.«

»Wer wird schon reicher durch den Krieg.«
»Manche kenn' ich, bei denen es so ist. Wir leiden Hunger, oder sagen wir: viele Leute bei uns leiden Hunger, Bauern, Taglöhner, Handwerker. Aber der König muß sie ernähren.«
»Oder die, die den Krieg überleben.«
Der Berliner lächelte leise und zog an seiner Pfeife. »Das werden immer noch zu viele sein. Der König hat aus England von einer Pflanze gehört, sie stammt aus Amerika, heißt Potato –«
»Nie gehört.«
»Ein indianischer Name. Wir nennen sie Erdapfel, oder Grundbirne, oder Kartoffel. Sie ist eßbar, die Knolle ist es. Schmeckt sogar ganz gut, ich hab's selber probiert. Leicht mehlig, aber sehr nahrhaft. Das hält vor.«
»Ich verstehe. Der König hat Angst, daß die armen Leute seine Knollen stehlen.«
Der Berliner lachte. »Umgekehrt wird ein Schuh draus. Der König hat Angst, daß die Armen sie nicht stehlen.«
Der verdutzte Ausdruck des französischen Regimentsapothekers amüsierte ihn sichtlich. Er genoß dessen Überraschung und ließ sich viel Zeit mit der weiteren Antwort. »Der König hat die Kartoffel bei uns heimisch machen wollen. Aber die Leute hier sind einfache Leute, und bei uns gibt's ein Sprichwort, das besagt, daß der Bauer nur das ißt, was er kennt. Und weil die Leute die Kartoffeln nicht richtig behandelt haben – sie haben sie roh gegessen, da schmecken sie fürchterlich –«
»Ach? Was macht man damit?«
»Man kocht sie oder brät sie, anders kann man sie nicht essen. Na ja, der König hat sich jedenfalls gedacht, wenn die Leute die Kartoffeln nicht essen wollen, muß man sie überlisten. Und deshalb läßt er jetzt die Kartoffelfelder scheinbar streng bewachen, und weil nun die Leute glauben, das sei was Luxuriöses, Feines, gar Französisches, klau'n sie die Knollenmasse. Und voilà: der König hat sein Ziel erreicht.«
Die beiden schwiegen wieder eine Weile. Der Franzose nickte dann langsam.
»Wenn euer König nur im Friedenschließen auch so schlau wäre ...«
»Bei Ihnen in Frankreich kennt man die Kartoffel nicht?«
Parmentier schüttelte den Kopf. »Nicht daß ich wüßte.«
Der Berliner stand auf. »Kommen Sie mit, ich zeig Ihnen, wie sie schmeckt.« Sie gingen in die Hütte, wo der

Berliner sorgsamst ein paar Kartoffeln in Fett briet.
Der Franzose probierte und meinte anerkennend: »Donnerwetter, schmeckt nicht übel. Das ließe sich verbessern, da könnte man viel damit anfangen.«
»Und es ist sehr nahrhaft!« setzte der Berliner hinzu. »Leicht zu ziehen, relativ problemlos, kann ein armes Volk ernähren – wie wir es sind.«
In Parmentiers Kopf jagten sich die Gedanken. Und eines Tages stahl auch er ein paar Knollen, liebevoll beobachtet von seinem Berliner Freund. Mal sehen, dachte der, was die Franzosen damit anfangen können, diese verweichlichte Nation.

Ziemlich viel, wie man inzwischen weiß. Die Geschichte von des großen Friedrich Trick mit den bewachten Kartoffeläckern ist ja nicht ganz neu. Sie mag sogar stimmen; denn daß Friedrich II. von Preußen, den manche immer noch »den Großen« nennen, die Kartoffel in Deutschland erst richtig heimisch gemacht hat, stimmt. Und daß er einen solchen Trick anwenden mußte, um sie seinen preußischen Dickschädeln schmackhaft zu machen, mag auch richtig sein.
Die Kartoffel (stärkehaltige Knollen eines Nachtschattengewächses, wie der Biologe sagen würde) stammt aus den südamerikanischen Anden. Die Inkas bereits haben sie in Mengen angebaut, und den Spaniern kommt es auch zu, sie nach Europa gebracht zu haben. Heimisch gemacht hat sie allerdings erst der britische Seeräuber und Seeheld Sir Francis Drake, den man also mit Recht als »Vater der Kartoffel« besingt. Es gibt eine Unmenge von Kartoffelsorten, und nicht alle Sorten sind geeignet für alle Kartoffelgerichte – wie man meist dann merkt, wenn man die falschen genommen hat.
Antoine Augustin Parmentier (1737–1813) hat die Kartoffel tatsächlich in preußischer Gefangenschaft kennengelernt. Als er Generalinspekteur für das Medizinalwesen wurde, setzte er seine Knolle auch in Frankreich durch. Seither haben die meisten Kartoffelgerichte seinen Namen weg: Hachis Parmentier (= Kartoffelpürree mit/ohne Fleischzusatz), Salade Parmentier, Potage Parmentier und sofort.
Entgegen den landläufigen Gerüchten ist ja Frankreich das eigentliche Kartoffelland (so wie es auch die Heimat

des Sauerkrauts ist) und nicht Deutschland. Die Rezeptvielfalt der französischen Küche zum Thema Kartoffel ist auch entsprechend groß: Sie reicht von der Suppe über den Salat und die verschiedenen Zubereitungsarten, mit denen allein man ein ganzes Buch füllen könnte, bis zum zarten Kartoffelgratin. Die Kulturgeschichte der Kartoffel verdient noch geschrieben zu werden, denn die Einführung dieser Knolle hat vermutlich einen größeren Einfluß auf Europa gehabt als die Einführung der Demokratie.

Potage Parmentier

Wir haben uns, als hommage an den Herrn Militärapotheker, die Potage Parmentier ausgesucht, eine Kartoffelsuppe mit Sahne verfeinert, die unseren Helden unsterblich gemacht hat.
Lauch wird in Butter kräftig angedünstet, und dann kommen feingeschnittene Kartoffelscheiben dazu. Bevorzugen sollte man dabei mehligfeste Sorten wie Irmgard oder Datura. In wenig Wasser oder leichter Fleischbrühe kocht man das gemeinsam mit einem Kräutersträußchen weich. Das Kräutersträußchen sollte bestehen aus Petersilie, Thymian, einem Lorbeerblatt, etwas Kerbel, wenn man frischen hat. Das bindet man mit Küchengarn zusammen, damit man es herausnehmen kann, wenn die Kartoffeln gar sind.
Man salzt und pfeffert leicht und passiert das alles durch ein Sieb. Je nach Bedarf gibt man noch ein wenig Fleischbrühe bei und bindet mit Sahne.
Potage Parmentier ist eine Suppe, von der es die verschiedensten Varianten gibt. Mir schmeckt sie noch besser, wenn die Kartoffeln nicht fein durch ein Sieb gestrichen werden, sondern wenn man sie nur grob mit der Gabel zerdrückt.

Ein Sonntag an der See

»Der zivilisierte Mensch ißt zu seinem Vergnügen«, schrieb Alexandre Dumas père und setzte diese Lebensmaxime in die Tat um. Der vielschreibende Verfasser der »Drei Musketiere« war auch ein vielessender Freund der Tafel – und Schöpfer einiger Rezepte.

Roscoff lag, eine Ausnahme um diese Jahreszeit, in der Sonne. Es war angenehm, nicht zu kalt, nicht zu warm, und der leichte Salzgeruch, der vom Meer herüber wehte, machte Appetit.

Der schwergewichtige Dumas schnaufte. »Wo bleiben sie bloß?« fragte er Lemerre.

Der zuckte die Achseln: »Sie werden nicht alles bekommen, was Sie ihnen aufgeschrieben haben.« Innerlich lächelte er: die Freunde hatten nämlich beschlossen, Alexandre Dumas auf die Probe zu stellen – wie weit es denn wirklich her sei mit seinen Kochkünsten. Sie wollten einfach irgendwas erstehen, und dann wollten sie sehen, ob der Meister in der Lage sei, auch daraus ein Menü zusammenzustellen.

»Wissen Sie, was wahre Kochkunst ist?«

»Nein«, sagte Lemerre. »Aber Sie werden es mir gleich erzählen, nehme ich an.«

»In der Tat. Ich stelle mir folgendes Gericht vor: man

nimmt eine Olive, entkernt sie und füllt sie mit einem Anchovis-Stückchen. Man steckt die Olive in eine Lerche, die Lerche in eine Wachtel, die Wachtel in ein Rebhuhn, das Rebhuhn in einen Fasan, den Fasan in einen Puter, den Puter in ein Spanferkel. Das brät man dann durch – das ist wahre Kochkunst.«
Lemerre lachte. »Und wer soll das essen?«
»Der wahre Gourmet. Und wissen Sie, was der wahre Gourmet tut? Er ißt nur die Olive.«
»Sie sollten ein Kochbuch schreiben.«
»Wenn ich Zeit hätte ...«
Mit großem Hallo kamen die Freunde vom Markt zurück und schwenkten die Körbe. Dumas Augen glitzerten erfreut. »Nun – habt ihr alles bekommen? Zeigt her!« Er stand auf und machte sich über die Körbe her. Sein Gesicht wurde lang und länger. »Was soll das?«
»Tut uns leid«, gab einer der Neuankömmlinge, ein schlanker Mann mit hellem Bart und hageren, fast kränklichen Gesichtszügen, aber scharfen leuchtenden Augen über der kantigen Nase zur Antwort. Er sprach mit deutschem Akzent. »Wir haben nicht mehr bekommen. Das ist alles.« Er lächelte. »Aber ich denke, der Meister wird auch damit was anfangen können, oder?«
Dumas schaute ihn scharf an und merkte, worauf die anderen hinauswollten: »Darauf kannst du wetten, Henri«, sagte er dann. »Laßt aber erst mal sehen. Makrelen, Tintenfisch, Butt, Krabben, ein paar Muscheln, ein Hummer.« Er überlegte und ging dann in die kleine Küche seines Hauses. Die anderen folgten. Er überprüfte seine Vorräte, die nicht eben reichlich waren: Pilze, Tomaten, Zwiebeln, im Garten etwas frischer Salat. Brühe, ein Bund Spargel, eine Niere, Huhn. Dumas überlegte wieder. Dann schickte er seine Freunde aus der Küche. Sie nahmen auf der kleinen Terrasse Platz. »Wenn man überlegt«, sagte der, den Dumas Henri genannt hatte, »was für ein schönes Haus er in Paris hatte ...«
»Er lebt hier nicht schlecht«, antwortete Lemerre, der Verleger. »Besser als in der Hauptstadt. Und vor allem billiger.«
Henri nickte. »Da liegen ihm die Damen nicht so auf der Tasche, und sein Herr Sohn auch nicht. Die werden wohl nicht in ein so gottverfluchtes Nest wie Roscoff kommen.«
»Mir gefällt es hier«, wandte ein anderer ein.
»Na ja, für ein, zwei Tage – aber für immer?«

Das Gespräch drehte sich um dieses und jenes, um Absatzchancen für Bücher, Henris Krankheiten, die politische Lage, die Kochkunst im allgemeinen und besonderen, und schließlich kam Dumas dampfend, schwitzend und triumphierend aus seiner Küche heraus.
»Nun, meine Herren«, sagte er höhnisch, »wie wäre es mit einem kleinen Mahl? Der Mensch muß dreimal täglich essen, das liegt ihm von Geburt an im Blut. Beginnen wir also damit. Essen wir zudem gut: denn nur der Wilde ißt aus Bedürfnis – der zivilisierte Mensch ißt zu seinem Vergnügen.«
»Wird es denn auch ein Vergnügen werden?«
»Darauf kannst du alles verwetten, was du hast, Henri.«
»Viel ist das nicht.«
Sie setzten sich um einen hübsch gedeckten Tisch im Freien. Dumas selber servierte. »Eine Improvisation«, sagte er. »Das wolltet ihr ja wohl auch von mir. Ich beweise euch, wie ein guter Koch improvisiert. Hier bitte – erster Gang: Tomatensuppe mit Krabbenschwänzen.«
Und so ging es weiter – Dumas hatte tatsächlich aus den wenigen, allerdings hochklassigen Zutaten ein exzellentes Menü zusammengestellt: Hummer armoricain, Heilbutt mit Pilzen und Muscheln in Rahmsauce, Makrelen in Zitronenbutter mit Kräutern, gebratene Rindernieren in Rotwein, gegrillte Hähnchen und Tintenfische, provencalische Tomaten, Rühreier mit Spargelspitzen und dem Bratensaft der Nieren, Salatherzen mit Eigelb und Zitrone.
Der Beifall war gewaltig. Lemerre erhob sich. »Lieber Dumas«, begann er. »Sie haben uns gezeigt, was ein wahrhaft guter Koch ist und kann. Wir sind tief beschämt. Als Verleger aber habe ich eine Bitte an Sie: schreiben Sie endlich ein Kochbuch.«
»Wo ist der Vorschuß?«
»Darüber läßt sich reden. Denn ich glaube, was wir heute bei Ihnen gegessen haben, übersteigt alles, was wir bisher...«
Henri unterbrach ihn: »Nicht alles, mein Bester. Lieber Alexandre – was mir gefehlt hat, war deine Zwiebelsuppe. Aber sonst muß ich sagen: recht ordentlich...«

Alexandre Dumas (1802–1870) hat dieses Kochbuch tatsächlich geschrieben, es ist allerdings eher ein Kochlexi-

kon, das aber auch zahlreiche Rezepte enthält, der »Grand dictionnaire de cuisine«, in dem er moderne Ansichten vertritt: einfache Küche, beste Zutaten, keine Mätzchen. Geld hat ihm das allerdings keines gebracht, denn es erschien erst drei Jahre nach seinem Tode.
Geld verdient hatte er mit seinen Abenteuerromanen, deren Titel Legion sind: »Die drei Musketiere«, »Der Graf von Monte Christo«, »Die Königin Margot«, um nur die bekanntesten zu nennen. Dumas père war eine regelrechte Fabrik; er schrieb diese Romane und Theaterstücke mit einer Unzahl von Helfern. Zum Teil gab er nur seinen Namen dafür her. Der Erfolg war riesig, aber er verjubelte sein Geld auch sehr schnell. Deshalb mußte er, von Schulden und Schuldnern geplagt, nach Roscoff in die Bretagne ziehen. Dumas père hatte einen unehelichen Sohn, der ebenfalls Alexandre hieß und als Dumas fils in die Literaturgeschichte einging – er verfaßte die »Kameliendame«. Das Verhältnis der beiden zueinander allerdings war sehr schlecht.
Dumas père, der übrigens von Mulatten abstammte, war auch ein echter Sohn der Picardie, wo er geboren wurde. Ein Freund der Frauen, der Musik, des guten Essens. Die geschilderte Geschichte ist verbürgt – allerdings die Anwesenheit von Henri (Heinrich) Heine nicht – obwohl er mit den beiden Dumas recht gut befreundet war. Einige der Rezepte aus diesem Menü hat er in sein Kochbuch mit aufgenommen.

Zwiebelsuppe Stanislaus

Wir wenden uns allerdings der wesentlich unaufwendigeren Zwiebelsuppe à la Stanislaus zu, die auch aus seinem Kochlexikon stammt.
Man röstet die Rinde von der Oberseite eines Brotes in Butter und stellt sie beiseite. Man schneidet Zwiebeln in kleine Würfel und röstet sie dunkelgelb. Man löscht mit kochendem Wasser, würzt mit Salz und Pfeffer, läßt ca. eine Viertelstunde bei offenem Deckel kochen und gibt die Suppe über die Brotrinde.
Dumas meint dazu, der Brauch, Zwiebeln mit Fleischbrühe abzulöschen, sei falsch. Das nähme nämlich der Suppe den typischen Zwiebelgeschmack und mache sie außerdem zu nahrhaft.

Notieren Sie, Eckermann

Hätte Frau von Stein um einen Küchenratschlag bei Johann Wolfgang von Goethe nachgesucht, statt geistig mit ihm zu verkehren, hätte ihr der Herr Geheimrat ein erstklassiges Rezept verraten können. So geht jedenfalls die Küchenlegende.

»Mein Doktor hat gesacht, isch soll mich einschränke«, meinte der Geheimrat vergnügt und öffnete eine neue Flasche Moselwein. »Isch däd zu viel trinke, sagt er. Daderbei schütt isch mir kaum was enoi: morchends e klaa Fläschche, mittachs vielleicht der Stücker zwaa, und abends – einmal muß der Mensch sisch ja was gönne derfe, oder?«
Die Tischrunde, bestehend aus zwei Herren, lachte amüsiert. Der kränklich aussehende Mann am unteren Ende zeigte auf die Schüssel in der Mitte des Tisches. »Darf i no ebbes habe?« frug er kauend. »S schmeckt so gut!«
»Gewwe Se ihm doch die Schissel ribber«, befahl der Geheimrat. »Eckermann, Sie sitze direkt davor!«
Gehorsam erhob sich Eckermann und setzte dem Schwaben die Schüssel vor. Genießerisch nahm sich der noch zwei Stücke des gekochten Fleisches, schenkte auch kräftig nach und blickte sich suchend um. »Ond des Sößle?«
»Da steht's!« Eckermann war etwas gekränkt, daß er quasi als Diener benutzt wurde. Außerdem kam er wirklich selber kaum zum Essen. Goethe prüfte genießerisch den Wein. »Des is e Tröppche!« »I verstand des net«, meinte Schiller in seinem breiten Dialekt, »daß es au e Sößle gebe ka, des mer net mit Mehl macht!«
Goethe, der von Schillers Kochkenntnissen nicht allzuviel hielt, lächelte überlegen. Schiller, der sich ständig über Goethes Überlegenheit ärgerte, verbiesterte zusehends, aber der Geheimrat klopfte ihm freundlich auf die

Schultern und schenkte nochmals nach. »Trinke Se, bester Schiller, trinke Se, es kost ja nix!«
Eckermann hob schüchtern die Hand. Der Olympier nickte ihm aufmunternd zu. »Was is?«
»Im Büro liegt ein Brief.«
»Isch hab'n gesehe – er is von der Frau von Staa.«
»? . . .?«
»Frau von Staa.«
»Er meint: Frau von Stoi!« mischte sich Schiller mampfend ein. Eckermann kapierte. »Frau von Stein! Ach ja.«
»Sie sacht, isch hätt'n Fehler gemacht in meinem letzten Brief. Isch hab ihr des Rezeptsche von der grie Soß' geschickt, aber isch glaab, isch hab was vergesse. Sie sacht, es hätt net so geschmeckt wie bei mir.«
Goethe prüfte sorgfältig den Geschmack der Sauce, ehe er sie sich über seine gekochte Rinderbrust häufte. »Isch glaab, isch weeß, was isch vergesse hab – die Zwibbelscher?«
Eckermann schaute ihn entgeistert an.
»Mei Mudder macht se immer mit Zwibbelscher, awwer mer hört aach, daß eichentlisch kei Zwibbelscher an die grie Soß' gehörn – des is ein alter Streit, Eckermann.«
»Also mir schmeckt's mit Zwieble!« verkündete Schiller.
Auch Eckermann war angetan. Hätte Goethe sich gegen die Zwiebeln ausgesprochen, wäre er auch angetan gewesen.
Goethe lehnte sich zurück. »Die grie Soß' is wirklisch was Feins. Isch eß sie fir mei Lewwe gern. Aach wenn isch schlechte Laun hab, daderfür is se eine große Hilfe. Neulich, als ich auf Kur war, in Marienbad, da haww isch so eine elechische Stimmung gehabt, weil da nur so ferschterlische alte Worzelberschte rumgelaufe sind, da hat die Soß' aach geholfe!«
Eckermann schüttelte innerlich den Kopf und beschloß, den Geheimrat

a) nur noch in Hochdeutsch und nicht in dessen gräßlichem Frankfurter Dialekt und
b) in solch ausgelassener Stimmung überhaupt nicht mehr zu zitieren.

Wenn der alte Nassauer Schiller endlich gegangen sein würde, wollte er ein vernünftiges Gespräch über die Farbenlehre mit Goethe beginnen und daraus wieder einen Artikel für sein geplantes Buch »Gespräche mit

Goethe« exzerpieren. Schiller deutete auf den Wein. »E guts Weinle – was isch des für oiner?«
»Ein Mosel. Die grie Soß' verdrächt nur'n weiße Woi.«
Schiller überlegte: »Au en Moschd?«
Goethe lachte. »Solange s' Stöff'sche gut is, warum net. Komme Se, Eckermann, notiere Se.« Eckermann zückte gehorsam seinen Notizblock, Schiller nahm nochmals nach. »Schreiwwe Se, Eckermann. Liebe Frau von Staa, isch glaab, isch weiß, wo der Fehler liecht. Die Zwibbelscher...«

Es folgte ein Rezept. Und hier folgt eine Entschuldigung für den Unsinn dieser Tafelrunde. Erstens darf man einen Olympier wie Goethe nicht beleidigen. Und seit Thomas Mann darf man sich über Schiller, der so manche schwere Stunde durchgemacht hat, auch nicht mehr lustig machen. Und überhaupt. Als der Herr Eckermann zum Geheimrat Goethe kam (1823), war Schiller schon 18 Jahre tot. Und die Marienbader Elegie, dieses herrliche Werk, in Zusammenhang mit einer Sauce, und dann noch die hohe geistige Verbindung zu Frau von Stein in den kalauernden Dreck gezogen, nein, da können wir nicht mitmachen.
Höchstens noch Herrn Johann Peter Eckermann aus Winsen a. d. Luhe, den darf man veralbern. Der war schon eitel und devot genug, und die neun Jahre, die er im Dunstkreis Goethes verbracht hat, die hat er wirklich dazu benutzt, einen Bestseller zu konzipieren. Aber selbst der Herr Eckermann wäre nie auf die Idee gekommen, Schiller einen Nassauer zu nennen. Was Schiller sicher auch nicht war, aber der hat nun mal das Pech, Schwabe gewesen zu sein, und denen eben sagt man ganz bestimmte Eigenschaften nach. »Grie Soß'« hat er aber sicher gerne gegessen. Aber eben: nicht mal das stimmt. Zwar kann man immer wieder (auch hier) lesen, die »grie Soß« sei Goethes Lieblingsgericht gewesen, und die Frau Mama hätte sie stets so unendlich köstlich zubereitet. Aber das kann nicht stimmen. Erstens hat Goethe zwar seinen Frankfurter Dialekt nie abgelegt, aber an Frankfurt hat er sich nur sehr ungern erinnert – er hat die Stadt nicht leiden können. Und zweitens ist es äußerst unwahrscheinlich, daß die »grie Soß'« schon vor Mitte des letzten Jahrhunderts in Frankfurt aufgetaucht ist. Schon wieder also zerplatzt ein Gerücht wie ein Luftballon –

aber die Vorstellung einer solch hochkarätig besetzten Runde, die wollen wir uns doch erhalten. Warum auch nicht hätten Schiller, Goethe und Eckermann »grie Soß'« essen sollen? Geschmeckt hätte sie ihnen bestimmt.

Frankfurter grüne Sauce

Die Frankfurter grüne Sauce hat große Ähnlichkeiten mit der italienischen salsa verde, ist aber nicht so scharf. Sie wird zu gekochtem Fleisch und Salzkartoffeln gegessen – in der Tat gehört ein trockener Weißwein dazu. Ist das »Stöffchen« (der Äppelwoi = Äpfelwein) gut, paßt es ebenfalls.

Zur echten grie Soß' gehören mindestens sieben Kräuter: Petersilie, Kerbel, Estragon, Borretsch, Majoran, Dill, Schnittlauch, Sauerampfer, Kresse, Pimpernelle – etwa in dieser Komposition. Diese frischen Kräuter werden sehr fein geschnitten (nicht im Mixer), man läßt sie etwas in Essig und Öl ziehen. Man zerdrückt gekochtes Eigelb oder gibt es durch ein Sieb, würzt mit Pfeffer und Salz und gibt saure Sahne dazu. Das verrührt man gründlichst. Nach Bedarf noch etwas Öl zugeben.

Der Streitpunkt, ob feinstgehackte Zwiebeln dazugehören, ist nicht zu entscheiden: Ich lehne das ab, aber Frankfurter Freunde schwören drauf. Man muß sich selber für oder gegen die Zwiebeln entscheiden. Mancherorts wird die Sauce mit Mayonnaise gemacht. Dem ist bedingt zuzustimmen, wenn die Mayonnaise selber angerührt wird. Es ist abzulehnen, wenn die Mayonnaise fertig gekauft wird, da diese in der Regel zu pappig ist. Die Konsistenz der Sauce darf nicht zu dick sein.

Ich würde zu den Kräutern der »grie Soß« auch noch etwas Knoblauch dazugeben. Im Unterschied zu Marquart bin ich auch der Überzeugung, daß Zwiebeln dazugehören. Aber das ist, wie gesagt, Glaubenssache.

Paris ist eine Sauce wert

Béarn ist die Heimat des französischen Königs Heinrich IV., aber uns ist diese Landschaft wohl bekannter als Namenspatronin einer Sauce, der Sauce Béarnaise. Kein Wunder ist es allerdings, daß man den König, der den leiblichen Genüssen nicht abhold gewesen sein soll, mit dieser Sauce in Verbindung bringt.

»Aber ich liebe ihn!« Kopfschüttelnd betrachtete die alte Königin diesen Temperamentsausbruch. Sie, aus dem Geschlecht einer Kaufmannsfamilie, war dergleichen nicht gewohnt. Temperament paßte auch nicht zu ihr, dazu schien sie zu dick, zu massig, zu unbeweglich. Eher traute man ihr zu, hinter einem Tresen zu stehen, oder in einem Kontor zu sitzen und Schulden auszurechnen. Das hatten ihre Vorfahren auch vor noch nicht allzulanger Zeit getan: die Medici waren ein Kaufmannsgeschlecht. Fürstlich waren sie erst seit kurzer Zeit. Um so größer war ihr Ehrgeiz, mit regierenden Häusern in Kontakt zu treten – und das hatte die Königin nach Paris gebracht.

»Margot«, sagte sie nur. »Margot!«

Marguerite ärgerte sich, wenn man sie bei ihren Spitznamen nannte. Sie wurde dadurch noch wütender. »Du wirst das Land ins Unglück stürzen«, setzte sie hinzu. »Du weißt nicht, was du tust.«

»Es gibt nur einen richtigen Glauben«, sagte die »Italienerin«, wie die Königin genannt wurde, kurz und sachlich. »Alle anderen sind unsere Feinde, und mit denen müssen wir so verfahren, wie es uns Gott geboten hat. Und die Kirche.«

Sie stemmte ihre Massen aus dem Stuhl hoch, in dem sie mühsam Platz genommen hatte. »Komm«, befahl sie. »Es ist Zeit für den Empfang.« »Aber du kannst doch nicht erwarten, daß ich jetzt mit dir zum Essen gehe, nach dem, was ich gerade erfahren habe«, versuchte Marguerite sich zu wehren.

»Und warum nicht?«

»So kann ich mich nicht verstellen.«

»Eine Königin muß lernen, sich zu verstellen. Heute ist ein guter Tag, um es zu lernen.« Die alte Königin duldete keinen Widerspruch. Wie in Trance folgte ihr die junge Frau. Es war zu ungeheuerlich, was sie gehört hatte: ein Mord war geplant, ein gigantischer Mord, ein Mord an allen Hugenotten, die sich in Paris befanden, die allein deshalb nach Paris gelockt wurden. Und zu den Toten würde der Mann gehören, den man für sie ausgesucht hatte: Heinrich von Navarra, der Anführer der hugenottischen Partei. Die große Versöhnung zwischen den beiden Glaubensrichtungen, die sich so lange bekämpft hatten, sollte also in einem Blutbad enden.
Marguerite zitterte. In der Tür drehte sich die alte Königin noch einmal zu ihr um. »Wenn dir persönlich an Heinrich so viel liegt – ich kann dafür sorgen, daß er verschont wird.« Und leiser setzte sie hinzu: »Aber wenn du redest, dann schützt dich auch dein Geblüt nicht. Vergiß das nicht.«
Laute Musik empfing die beiden Frauen, als sie den Bankettsaal betraten. Die Anwesenden brachen in Hochrufe aus – Marguerite musterte die Versammlung. Sie waren alle da, von beiden Seiten, die Guise und Coligny, die Katholiken und die Hugenotten. Sie saßen nebeneinander, verbrüdert, tranken miteinander, schwatzten, lachten, als ob nicht die eine Hälfte des Saales aus Toten bestünde – aus lebenden Toten. So empfand es die junge Frau. Und mitten unter diesen lebenden Toten ihr zukünftiger Mann – Heinrich von Navarra, jung, etwas bläßlich, schmales Gesicht, gestutzter Bart, etwas weichlich-weibische Züge. Er erhob sich, als sie zu ihm trat. Galant bot er ihr Platz an – er sah schon gut aus, befand sie, in seinem grünen Gewand. »Galanter Grünling«, hörte sie lächelnd einen Navareser Adligen sagen. Sie setzte sich.
Heinrich schien ihre Schweigsamkeit nicht zu bemerken. Ununterbrochen plapperte er los – erzählte von seiner Heimat, lobte Béarn über den grünen Klee, seine Menschen, seine Burgen, seine Frauen, seine Küche. »Das heute ist alles aus unserer Heimat, wir richten für euch Pariser ein Essen aus, wie ihr es besser nirgendwo bei uns bekommen könntet, als Tribut für die endliche Versöhnung!« sagte er zu ihr. Marguerite merkte gar nicht, was sie da aß, ob es Fisch war oder Fleisch, Gemüse oder Suppe, süß oder sauer. Sie sprach kein Wort.
Heinrich erklärte weiter. Er schien von ungeheurer Nai-

vität. Diener brachten große Bratenstücke und riesige Töpfe mit einer dampfenden, gelblichen Sauce. »Das stammt von uns«, sagte Heinrich, »das essen wir Béarnaiser an ganz besonderen Festtagen – eine Sauce aus Kräutern, Butter und Eier. Du wirst staunen, wie es dir schmecken wird!«

Es war in der Tat seltsam, selbst Marguerites durch den Schrecken stumpfgewordener Gaumen blieb gegenüber dem außerordentlichen Wohlgeschmack der Sauce nicht unempfindlich. Heinrich bemerkte es mit Freuden. »Wenigstens etwas, was dir an meiner heimatlichen Küche gefällt! Wenn wir erst verheiratet sind, wirst du kaum noch etwas anderes zu essen bekommen – wir Béarnaiser sind recht stolz auf unsere Heimat!«

Unter Lachen, Tanzen und Singen ging der Abend zu Ende. Als die Königin sich erhob, hoben Diener die Tafeln auf. Die Italienerin gab Marguerite mit den Augen ein Zeichen, ihr zu folgen, ehe sie abrauschte. Marguerite wartete ein paar Minuten, suchte Heinrich, aber der war nicht zu finden. Langsam, wie im Traum, folgte sie der Königin nach.

Plötzlich wurde sie im Treppenhaus von harten Armen gepackt. Sie schrie auf, erkannte aber sofort Heinrich. »Was ist ...?«

»Schweig.« Der Béarnaiser zog sie in eine Ecke. »Was ist los? Was wird hier gespielt?«

»Aber ...«

»Ihr bereitet etwas vor, oder? Hier stimmte doch den ganzen Abend etwas nicht. Sprich! Was soll das alles heißen? Ich ...«

Weiter kam er nicht. In ganz Paris begannen, wie auf ein Kommando, die Glocken zu läuten. Heinrich verstummte. Marguerite wimmerte auf. »Was soll das heißen?«

Schüsse fielen vor den Toren des Louvre. Marguerite barg sich in einer Ecke. »Bartholomäusnacht«, sagte sie.

Heinrich IV. (1553–1610) war in der Tat nicht nur einer von Frankreichs großen Königen, der dem Land wenigstens zeitweise seinen Religionsfrieden wiedergegeben hat, sondern auch einer von Frankreichs großen Genießern. Das betraf nicht nur das Essen und Trinken, sondern auch die Frauen. Der protestantische Bourbon, König von Navarra, heiratete Marguerite von Valois, die Tochter der Katharina von Medici. Die Medicikönigin, der Paris so viel verdankt (sie brachte florentinischen Stil nach Frankreich und damit die Eleganz, den Geschmack, die Lebensart, die man heute noch an den Franzosen so schätzt), war eine glühende Anhängerin der Gegenreformation: Für sie waren die Protestanten Staatsfeinde, die ausgerottet werden mußten. Sie besorgte das gründlich. 15 000 Hugenotten fielen dem Gemetzel der Bartholomäusnacht des Jahres 1573 zum Opfer. Heinrich entkam; und erst mit seinem Ausspruch und seiner Tat (»Paris ist eine Messe wert!«), zum Katholizismus überzutreten, versöhnte er die streitenden Religionen. Als er selber dann einem fanatisierten Mörder zum Opfer fiel, brachen diese Kriege wieder aus.

Es wird gerne erzählt, Heinrich habe die Sauce Béarnaise, die so gut zu ihm und seinem Geschmack gepaßt hätte, bei seinen Hochzeitsfeierlichkeiten nach Paris mitgebracht. Das ist eine – wenn auch schöne – Legende. Die Geburtsstunde dieser Sauce schlug in Wirklichkeit ein paar Jahrhunderte später, nämlich im Jahre 1830, wo sie bei einem Festessen in Saint-Germain-en-Laye kredenzt wurde – allerdings fand dieses Festessen im Pavillon Heinrichs IV. statt, und daher erhielt sie ihren Namen.

Sauce Béarnaise

Die Sauce Béarnaise ist eine Buttersauce und weder leicht herzustellen noch leicht zu verdauen.

Zuerst muß man eine Reduktion herstellen: Ein paar Eßlöffel Weißwein, etwas Weinessig, ein paar zerdrückte Pfefferkörner, zwei kleingehackte Schalotten, etwas Estragon werden durch Kochen auf drei Eßlöffel Flüssigkeitsmenge reduziert.

Im Wasserbad werden drei Eigelb schaumig geschlagen, man gibt die Reduktion dazu und läßt langsam, in dünnem Strahl, ein halbes Pfund flüssige Butter zufließen, dabei rührt man ständig weiter.

Die Butter (und das ist mit das schwierigste) läßt man vorsichtig zergehen, kocht sie dann einmal schnell auf und nimmt sie vom Feuer. Sie muß noch lauwarm sein, wenn man sie zugibt, und man muß aufpassen, daß die Molke sich gesetzt hat. Man schmeckt die Sauce mit Salz und Pfeffer, eventuell mit etwas Zitronensaft ab und gibt frischen Estragon und Kerbel bei.

Sauce Béarnaise eignet sich besonders zu gebratenem Fleisch und zu Fisch.

Zwei Präzisionen will ich anfügen: man schlägt im Wasserbad Eigelb und Reduktion zusammen, und die Butter, die zugeführt wird, muß geklärt sein.
Ich gebe in die fertige Sauce noch etwas Cayenne-Pfeffer.

Der Bürger als Edelmann und die Sauce

Eine der vielseitigsten Saucen verdankt die große Küche einem neureichen Franzosen, der dem Sonnenkönig hin und wieder aus der Verlegenheit half. Großzügig ließ der König eine weiße Sauce nach ihm benennen: allerdings keine besonders vornehme.

Die Gesichter der beiden Adligen versteinerten sofort, als der Haushofmeister das Zimmer verlassen hatte. Graf de Chaumont richtete sich schnell wieder auf und brachte seine Manschetten in Ordnung. Graf de Boudoin schüttelte den Kopf gemessen, um seine Allongeperücke nicht in Unordnung zu bringen. »Gräßlicher Mensch«, meinte er. Chaumont nickte. »Was wollen Sie? Keine Geburt.«

»Ich frage mich nur, wie Seine Majestät solch eine Unperson zu ihrem Haushofmeister machen konnte.«

»Das fragen Sie noch? Der Mensch hat Geld. Wer Geld hat, bekommt Adel und Amt, wie man sagt. Vorausgesetzt, man legt das Geld richtig an.«

»Es ist eine schlimme Welt.« Chaumont trat ans Fenster. »Gut, daß man nicht mehr in dieses schmutzige Paris schauen muß. Der Garten macht Fortschritte.«

Boudoin trat neben ihn. »Täuschen Sie sich nicht. Das Geld wird im schmutzigen Paris gemacht. Während wir hier das unsere ausgeben, verdienen es die Bankiers in der Hauptstadt. Geld stinkt nicht, wie der große Hadrian gesagt haben soll. Er verstand etwas davon.«

»Aber wenn ich mir vorstelle – hier die Blüte des französischen Adels, Kultur, Zivilisation, Bildung, und dort die Pfennigfuchser und Geldmacher – nein, liebster Boudoin, ich möchte nicht tauschen mit denen. Und immerhin, daß unser Haushofmeister sein Geld dafür ausgegeben hat, hierher zu kommen, zeigt doch auch, daß diese – diese –« er suchte nach einem besonders geringschätzigen Ausdruck, aber es fiel ihm keiner ein »– diese Leute wissen, wo die Sonne wirklich scheint, oder?«

Ein Lakai öffnete das Portal, und ein kleiner, übertrieben elegant gekleideter Mann trippelte herein. Seine Perücke

war röter und höher als die der beiden Grafen, die Wangen waren geschminkter, vor allem die herzförmigen Rouge-Flecken fielen auf und das übergroße Schönheitspflästerchen. Die Spitzen seiner Kniehosen hingen fast bis zu den goldgeschmückten Schnallenschuhen hinab. Die beiden Grafen verbeugten sich vor ihm. Es war Monsieur, der Bruder des Königs, der ihnen huldvoll zulächelte und ihnen Zeichen machte, sich zu erheben.
»Danke, meine Herren, danke. Ach, wissen Sie schon das Neueste? Es gibt noch Menschen, die meinem Bruder treu ergeben sind!«
Monsieur plapperte sofort weiter, ohne eine Entgegnung abzuwarten. »Stellen Sie sich vor, Vatel hat sich umgebracht.«
»Nein!«
»Doch, eben in diesem Moment, mit einem goldenen Messer. Und wissen Sie, warum?«
Die beiden Grafen waren neugierig. Der Küchenchef des

Fürsten Condé, der am heutigen Abend das Festessen hatte ausrichten sollen – wie konnte das geschehen?
»Weil er den König zu sehr geliebt hat. Ach, wer gäbe nicht gerne sein Blut für einen solchen Monarchen hin!«
Monsieur schneuzte sich in ein Spitzentaschentuch. In seiner Nähe verbreitete sich schlechter Geruch. Monsieur hatte, wie üblich, seit mehreren Monaten nicht mehr gebadet, und jetzt war der Moment gekommen, wo auch die kostbarsten Parfums den Schweißgeruch nicht mehr überdecken konnten. »Vatel hat es mit einem Küchenmesser getan, der Arme! Ach, wie er geblutet hat, ekelhaft!« Monsieur schüttelte sich beim Gedanken an das gewöhnliche Blut des Kochs. »Daß die Leute solche dramatischen Schritte immer in der Öffentlichkeit vollziehen müssen!«
»Aber warum hat er das denn getan?« frug Chaumont.
»Eine Katastrophe – die Fische für den Tisch des Königs, meines Bruders, sind nicht rechtzeitig eingetroffen. Vatel war nicht in der Lage, das Menü korrekt zu servieren. Was blieb ihm dabei denn anderes übrig, als zu sterben?«
Vorsichtig, um seine Schminke nicht verlaufen zu lassen, zerdrückte Monsieur eine Träne, die er sich abgequält hatte. »Der Marquis de Nointel ist auch außer sich – Vatel hatte ihm gerade eine Saucenkomposition gewidmet. Ach, es ist eine Tragödie. Und das Schlimmste ist – es gibt keinen Fisch heute abend. Kommen Sie, meine Herren, wir wollen versuchen, den König ein wenig aufzuheitern. Es geht ihm ohnehin nicht gut heute abend. Seine Hämorrhoiden plagen ihn wieder ganz besonders!«

Daß die hygienischen Zustände am französischen Hof des Sonnenkönigs, wie damals in Europa überhaupt, nicht die besten waren, ist bekannt. Auch daß Ludwig XIV. ein kranker Mann war und Monsieur ein gepuderter Affe. Weniger bekannt ist wohl die Tatsache, daß Louis de Béchameil, ein Bankier, sich die Stelle des Haushofmeisters seiner Majestät erkaufte und fortan Marquis de Nointel war. Einer der königlichen Hofköche widmete ihm daraufhin die Béchamelsauce. Ob es Vatel war, wissen wir nicht genau. Vatels Tod aus Schmerz über nicht rechtzeitig angekommene Fische ist jedenfalls historisch. Die Küchengeschichte hat ihm eine kleine Genugtuung widerfahren lassen: wird ein Fisch mit Garnelensauce angerichtet, die mit Trüffelscheiben, Fischmilchern und Krebsschwänzen angereichert ist, nennt man das »à la Vatel«. So hat der Chefkoch und Haushofmeister des Fürsten Condé wenigstens eine kleine Belohnung für seine heroische Tat bekommen, wenngleich wir heute dafür gewiß kein Verständnis mehr aufbringen können.

Béchamelsauce

Béchamelsauce ist eine Sauce, die hauptsächlich zum Weiterverwenden gedacht ist. Wer Crêpes füllt oder italienische Nudelgerichte zubereitet, wird sie häufig brauchen – sie wird meist als Nappier-Sauce verwendet. Man läßt einen Eßlöffel Mehl in einem Eßlöffel zerlassener Butter Farbe annehmen, löscht mit einem Viertelliter kochender Milch ab, gibt etwas Salz und weißen Pfeffer bei und reichert mit zwei bis drei Eßlöffeln Sahne an. Eine andere Variante fügt eine Zwiebel in Scheiben und etwas mageren Speck in kleinen Stückchen an, die zunächst in der Butter angeschwitzt werden, ehe man das Mehl beigibt.

Meines Erachtens gehört in eine Béchamelsauce außer Salz und Pfeffer noch etwas Muskat. Wichtig ist außerdem die Farbe des »Roux«, also des in der Butter verrührten Mehls. Die Béchamelsauce, die man weiterverarbeitet, sollte hell bleiben, also muß auch der Roux hell sein. Für die zweite, klassische Variante der Sauce, mit Speck und Zwiebeln, sollte man keine in Scheiben geschnittenen Zwiebeln, sondern eine mit Nelken gespickte Zwiebel nehmen.

Diner mit Madame Récamier

Drei Dinge machten den Vicomte de Chateaubriand berühmt: sein Opportunismus, seine Liebe zu Madame Récamier und sein Filetsteak – wobei das letzte seine erfreulichste Hinterlassenschaft ist.

Montmirail warf noch einen letzten Blick auf die für zwei Personen gedeckte Tafel. Er war zufrieden. Das silberne Besteck glänzte, das Porzellan (feinstes Sèvres) und die dünnwandigen Gläser standen millimetergenau dort, wo sie stehen sollten. Gemessen öffnete er die Schiebetür zum Salon. »Wenn Monsieur sich überzeugen wollen?« Der Vicomte de Chateaubriand legte das Buch beiseite, in dem er geblättert hatte (es war ein alter Roman von ihm, »Le Natchez«, die Geschichte eines untergehenden Indianerstammes, eine Jugendsünde, wie er meinte), und schritt in das Eßzimmer. Anerkennend nickte er, richtete noch schnell zwei Orchideen so aus, daß ihre Linien zu denen des Geschirrs paßten, und beglückwünschte seinen Küchenchef. »Sie haben Geschmack, Montmirail. Man findet dergleichen heute kaum noch.«

»Danke, Monsieur.«

»Ich hoffe auch, Sie haben sich etwas einfallen lassen?«

»Es ist schwierig mit Madame...«

»Ich weiß!«

»Ich meine, es ist schwierig mit Madame, weil sie so vieles verabscheut, was die große Küche zu bieten hat. Aber ich denke, ich habe mir etwas einfallen lassen – einfach, aber...« Er machte mit der linken Hand das Zeichen höchsten Wohlgeschmacks.

»Ich habe nichts anderes erwartet, Montmirail.« – Madame de Récamier lehnte sich zurück und tupfte ihre Lippen mit der damastenen Serviette ab. »Nun?« frug der Vicomte, der ihr gegenübersaß.

Sie lächelte. »Höchstes Lob, lieber René, höchstes Lob. Dein Küchenchef hat sich heute selber übertroffen.«

»Sie wissen, daß er es ausschließlich für Sie getan hat, Madame?« »Du schmeichelst.«

»Ganz im Gegenteil, Madame. Meine treue Verehrung für Sie, über die Sie so oft zu spotten belieben, hat sich selbstverständlich auch auf mein Personal übertragen.«
»Weißt du, was ich mich manchmal frage, René?«
»Nein?«
»Wie kommt es, daß wir uns schon so lange kennen, und daß sich zwischen uns fast nichts verändert hat?«
»Nun, ich denke ...«
»Nein, sprich nicht weiter. Du weißt, was ich von deiner politischen Arbeit halte. Es gibt kaum etwas oder jemanden, dem du längere Zeit treu geblieben bist, du warst mal auf der einen, mal auf der anderen Seite. Wie kommt es, daß du diesen Wankelmut nicht auf dein Privatleben übertragen hast?«
Der Vicomte zögerte. »Mag sein, Madame, daß Sie der Fixstern sind, um den ich kreise – ich glaube, jeder Mensch braucht so etwas, einen Mittelpunkt.«
»Große Worte, René.«
»Sie wissen, daß sie stimmen.«
»Ja?«
Montmirail stand in der Türe. »Wünschen die Herrschaften noch etwas?«
Madame de Récamier lachte ihn an. »Mein Lieber – es freut mich, Sie zu sehen. Sie haben Hervorragendes geleistet heute.«
»Für Sie, Madame.«
»Das hat mir der Vicomte auch schon gesagt. Also dieses Stück Fleisch – man könnte meinen, Sie hätten meine geheimsten Vorlieben erraten.«
»Das ist nicht schwer, Madame. Sie speisen so oft bei Monsieur, daß ihre Vorlieben, jedenfalls was die Küche betrifft, für mich kein Geheimnis mehr sind.«
Der Vicomte nippte an seinem Glas. »Madame hat, aus Gründen, die ich nicht näher kenne, Furcht vor einer Erhöhung ihres Gewichts.«
»Eine unbegründete Furcht, wenn Sie mir die Bemerkung gestatten, Madame.«
»Madame steht, glaube ich, deshalb einem einfachen Fleischgericht sehr aufgeschlossen gegenüber.«
Montmirail verbeugte sich. »Einfach nur insofern, als ich mir keine Gigis erlaubt habe, Monsieur. Das Wichtigste dabei ist die Qualität des Fleisches.« Er schenkte Madame de Récamier nach. »Darf ich jetzt den Käse servieren?«

François-René Vicomte de Chateaubriand (1768–1848), in Saint-Malo geboren, wo man heute sein Geburtshaus, auf das die kleine Stadt sehr stolz ist, besichtigen kann, ist, trotz schriftstellerischer und politischer Neigungen, wohl tatsächlich in der Hauptsache durch das nach ihm benannte Filetstück bekanntgeblieben.
Chateaubriand war Offizier, kurzzeitig in Amerika, dann im Emigrantenheer, unter Napoleon Diplomat. Nach der Erschießung des Herzogs von Enghien wandte er sich von Napoleon ab, unter den Bourbonen war er dann sogar Außenminister mit ausgeprägt liberalen Neigungen. Literarisch hat er sich durch Rousseau und Goethes »Werther« stark beeinflussen lassen. In seinen früheren Büchern feiert er die »edlen Wilden«: »Le Natchez«, die Geschichte vom Untergang eines Indianerstammes, daraus die gefühlvolle und viel gelesene Episode »Atala«. In »René« schreibt er praktisch den Werther fort, in den »Mémoires d'outre-tombe« (Memoiren von jenseits des Grabes), pathetische, schönfärbende Lebenserinnerungen, gibt er einer ganzen Generation den Stil an: Hugo, Byron, Vigny.
Und er liebt: Madame Julie de Récamier, die Schönheit der Restauration, die einen Salon führt. Und er kocht oder läßt kochen: Montmirail, seinen Küchenchef. Ursprünglich soll ein Chateaubriand ein gefülltes Filet-Stück gewesen sein, aber das bezweifle ich.

Marquart irrt an einer Stelle: man kann ein Chateaubriand, das aus der dicksten Stelle des Rinderfilets geschnitten werden muß, durchaus auch für eine Person schneiden – also mit einem Gewicht von ca. 200 Gramm. Die bei uns weit verbreitete Ansicht, es gebe nur Chateaubriands für zwei Personen, ist falsch. Das bei uns übliche Stück ist eigentlich ein »Chateaubriand double«.

Chateaubriand

Das Wichtigste am Chateaubriand ist das Fleisch: Es muß aus der Mitte des Rinderfilets geschnitten werden, etwa vier Zentimeter dick und mindestens 400 Gramm schwer sein; es darf höchstens ein Pfund wiegen.
Zwei Personen müssen daran essen.
Das Fleisch wird von allen Seiten kräftig angebraten, gesalzen und gepfeffert und dann 15–20 Minuten auf schwacher Flamme fertiggebraten. Es muß innen rosa bis rot sein, je nach Geschmack. Man hat sich heute angewöhnt, das Chateaubriand mit Beilagen zu umkränzen. Das ist ebenso falsch wie unnötig. Klassisch gehören dazu eine Buttersauce, gebackene Kartoffeln und Brunnenkresse.
Wohlschmeckend dagegen ist, statt der Buttersauce eine Sauce Béarnaise zu reichen.
Der Kenner übrigens trinkt dazu Weißwein.

»Lieber einen Braten statt dieser Krone!«

Was der Gast im Restaurant flieht, ist in Wirklichkeit eine Schöpfung des Haydn-Zeitgenossen Nikolaus Fürst von Esterházy – und es sieht ganz anders aus, als es dem leidgeprüften Gast heute vorgesetzt wird. Nur so kann man verstehen, daß der Fürst diesen Rostbraten einer Krone vorgezogen haben soll.

Der Fürst schlug den Mantel fester um sich und schaute aus dem Fenster. Er schien seinen Besucher nicht mehr zu bemerken. Der blieb ruhig in seinem Sessel sitzen und füllte von Zeit zu Zeit sein Weinglas nach.

»Ein guter Tokajer«, sagte er nach einiger Zeit, teils um das Schweigen zu brechen, teils um den Fürsten darauf aufmerksam zu machen, daß er noch hier war. »Aber uns Franzosen sind eure Weine zu süß.«

Der Fürst schwieg.

»Ich habe lange Zeit«, sagte der Besucher. »Ich warte, bis Ihr wißt, wie Eure Antwort aussieht.«

»Ich dächte, das wüßtet Ihr schon«, kam es vom Fenster.

Bedächtig prüfte der Franzose den Wein. »Manchmal soll man die Dinge sich setzen lassen. Wie guten Wein.«

»Ihr glaubt, dieses Land, dieses Ungarn, sei regierbar?«

»Der Kaiser kann ein Land regieren, in dem es 246 Käsesorten gibt. Würdet Ihr glauben, das sei möglich? Aber es ist so.«

»Ungarn gehört seit Jahrhunderten zu anderen Ländern. Es beherrscht auch andere Länder. Das ist nicht einfach ein Land mit einer einzigen Bevölkerung, eben Ungarn, da gibt es andere ...«

»Man muß ihnen Rechte gewähren, Freiheiten. Das kann nicht kompliziert sein. Oder sagen wir: Das ist lösbar. Ich empfehle Euch die Lektüre des Code Napoléon.«

»Euer Lieblingsmitbringsel!«

»Immerhin – wo die Franzosen einmal längere Zeit waren, sind zwei Dinge hinterher anders: die Küche und das Recht.«

Der Fürst lachte. »Kommt mit.« Er packte seinen verwunderten Gast fest am Arm und schleppte ihn durch das ganze Schloß in eine große Galerie, die vollständig mit Bildern behängt war. »Nun?« fragte er. Der Franzose zuckte die Achseln. »Schlecht«, sagte er. »Ihr solltet die neuen Bilder von David sehen. Das ist schlechter Geschmack hier, nicht mehr.«
»Das ist meine Familie. Auf schlechten Bildern, bitte. Und es sind auch schlechte Menschen drunter. Aber sie waren alle etwas: Mäzene, Abenteurer, Generale, Politiker – und keiner war darunter, der nicht etwas Aufregendes erlebt hat. Aber König – das wollte keiner von ihnen werden. Denn eins waren sie nicht: verrückt.«
Der Franzose schmunzelte. »Der kleine Korse, der Kaiser werden wollte, galt auch bei vielen als verrückt. Und er ist es doch geworden.« – »Und Ihr glaubt, unser altes, uraltes Geschlecht würde eine Krone von einem kleinen Korsen annehmen?«
Der Fürst packte den Franzosen wieder und schleifte ihn in die Kellergewölbe des Schlosses. So langsam wurde dem Abgesandten des großen Napoleon klar, daß er hier wohl nichts würde ausrichten können. Er begann sich zu ärgern, über den Stolz dieser alten Adelshäuser, die sein Kaiser mit einem Federstrich wegwischen könnte – sie mochten alt sein, aber den Adlern der französischen Truppen konnten sie nicht widerstehen. Sie waren verbraucht. Aber – stolz darauf.
Inzwischen waren sie in der Küche angekommen. Mit einer Handbewegung schickte der Fürst die Bedienten aus dem Raum. Er nahm langsam ein Messer von einem Haken, schüttelte den Pelz von sich – er fiel einfach auf den Boden und blieb dort liegen – dann packte er ein paar Zwiebeln, ein paar Mohrrüben und begann wütend auf sie einzuhacken.
»Wir leben schon lange hier. Und wir sind sehr reich, wie Ihr wißt. Wir sind mit Ehren von Seiten der Habsburger überhäuft worden. Wir schätzen die Habsburger nicht, aber wir sind ihnen ergeben. So ist das bei einem alten Volk von Hirten. Wer auf unsere Herden aufpaßt, dem dienen wir.« Er warf die Gemüsestücke in einen Topf, der auf dem offenen Feuer brutzelte und warf noch ein paar Fleischstücke hinterher. Er griff in einen irdenen Topf und streute gewaltige Mengen scharfen, roten Paprikagewürzes drüber. »So essen wir heute noch – wie vor Hunderten von Jahren, mein Lieber. Wie die Hirten

auf den Feldern. Etwas reichlicher, etwas kostbarer – aber nicht zu viel.« Er kostete. Der Franzose blieb sprachlos. Der Fürst gab aus einem anderen Tiegel etwas Sahne in den Topf, rührte um und reichte dem erstaunten Gast einen Löffel voll. »Probiert – aber Vorsicht, es ist heiß!«
Der Abgesandte Napoleons spitzte die Lippen und blies auf den Holzlöffel. Behutsam schlürfte er ein wenig der rötlichen Flüssigkeit und hustete. Es war wirklich höllisch scharf.
»1687 sind wir in den Reichsfürstenstand erhoben worden. Und heute, 1809, kochen wir noch so. Ihr seht, was ich meine?«
Der Franzose schwieg, dann deutete er auf den Topf. »Wie heißt das?« »Keine Ahnung. Eine Augenblickseingebung.«
Der Franzose lächelte. »Wir kommen doch ins Geschäft«, sagte er. »Ihr gebt mir das Rezept, ich bekomme die Erlaubnis, es Eszterházy-Braten zu nennen. Dafür nehme ich die Krone wieder mit. So kehre ich nicht ganz mit leeren Händen zum Kaiser zurück.«
Der Fürst stutzte einen Moment, dann lachte er brüllend. »Ihr gefallt mir, auch wenn Ihr unseren Wein nicht mögt. Ich würde mich freuen, Euch wiederzusehen. Nur – paßt auf, daß es nicht auf dem Schlachtfeld geschieht.«

Sie waren Mäzene, Politiker, Generale, Abenteurer – die Eszterházy von Galantha. Bis 1945 die reichsten Großgrundbesitzer Ungarns, 414 Dörfer gehörten ihnen, 60 Marktflecken, diverse Schlösser. Berühmtester Mäzen der Familie: Nikolaus Joseph Eszterházy (1714–1790), auf dessen Schloß in Eszterháza Joseph Haydn fast 30 Jahre lang arbeitete, und für den er die meisten seiner Kompositionen schuf. Haydn war »nur« ein Angestellter des Fürsten, den Künstler als »freier Unternehmer« gab es damals noch nicht, und Haydn wäre auch sehr überrascht gewesen, wenn man von ihm derartiges verlangt hätte. Die Irritation, die Mozart unter seinen Zeitgenossen auslöste, kommt teilweise auch daher, daß er anders, ungebunden und stolz auf sein Können, leben wollte. Nikolaus Fürst von Eszterházy (1765–1833), der Held unserer Geschichte, gilt als der Erfinder des gleichnamigen Rostbratens. Er war österreichisch-ungarischer Feldmarschall, und er erhielt tatsächlich im Jahre 1809 ein Angebot Napoleons für die Krone Ungarns, aber er war klug genug, dieses Angebot abzulehnen.

Das Rezept ist korrekt. Statt Petersilienwurzeln, die man selten bekommt, kann man auch etwas Sellerieknolle nehmen.

Eszterházy-Rostbraten

Dem Eszterházy-Rostbraten geht es nicht selten wie manchem berühmten Gericht, er wird bis zur Unkenntlichkeit entstellt. Die pampige Masse mit ein, zwei konservierten Stückchen Paprika drauf, die man oft vorgesetzt bekommt, kann einem die Lust auf dieses alte ungarische Gericht gründlich nehmen. Der echte Eszterházy-Rostbraten indessen ist eine Bereicherung für den Küchenzettel, vor allem in kälteren Jahreszeiten. Zwei Zwiebeln werden in Scheiben geschnitten, drei Karotten in dünne Stifte, beides wird zusammen mit einer Petersilienwurzel angebräunt und aus dem Fett genommen.

Eine dicke Scheibe Rostbraten wird geklopft und im Fett von allen Seiten gut angebraten. Dann salzen und pfeffern. Die Zwiebelscheiben, die Mohrrübenstücke und die Petersilienwurzel kommen wieder in den Topf, auf das Fleisch, das nun kräftig mit scharfem Paprika gewürzt wird. Man übergießt mit einer kräftigen Fleischbrühe und gart fertig.

Dann nimmt man das Fleisch heraus, reduziert die Sauce und gibt saure Sahne bei, etwas Zitronensaft und einen Eßlöffel Kapern. Man kocht auf und gibt sie über das Fleisch. Dazu Reis.

Pulverdampf und Poularden

Wer schnell essen will, geht zum ersten Konsul, wer gut essen will, zum zweiten und wer schlecht essen will, zum dritten, hieß es im Zeitalter des Konsulats des Generals Napoleon Bonaparte. Das hat den kleinen Korsen nicht gehindert, zumindest dabei zu sein, als eines der berühmtesten Hühnergerichte der Kochgeschichte erfunden wurde.

14. Juni 1800. Es ist heiß in der Po-Ebene. Und dem kleinen General wird es noch heißer, als er erfährt, was passiert ist. »Melas ist ausgebrochen.« – »Wie?« – »Pontonbrücken.« – »Wieso . . .?« – Der Leutnant zuckt die Achseln. »Jemand hat nicht aufgepaßt.«
Fluchend beugt sich der kleine General über eine grob gezeichnete Karte. »Lannes? Victor?«
Der Leutnant wischt sich den Schweiß ab. »Sind in Richtung San Giuliano unterwegs.«
»Marengo?« – »Verloren.«
Der kleine General läßt sich in einen mäßig bequemen Feldstuhl fallen. »Das sieht nicht gut aus.« Der Leutnant antwortet nicht und starrt ihn an. Der kleine General, der zugleich auch erster Konsul ist, nickt. »So sehe ich es auch.« – »Desaix?« Wieder das Achselzucken. »Ich habe nach ihm geschickt. Wenn er rechtzeitig kommt, haben wir noch eine Chance. Wir müssen warten. Kommen Sie.« Der kleine General scheint voll unerschöpflicher Energie – die Historiker werden das später gebührend zu würdigen wissen. Die beiden treten vor das Zelt. Der

kleine General reicht dem verschwitzten Leutnant sein Fernrohr. »Schauen Sie durch und sagen Sie mir, was Sie sehen!« Der Leutnant greift danach, das Fernrohr fällt zu Boden. »Was ist?« Schwäche bei anderen verachtet der kleine General. Der Leutnant versucht zu lächeln: »Wir haben seit gestern früh nichts mehr gegessen.« Der kleine General schüttelt den Kopf. »Die Österreicher lassen vor jeder Schlacht Essen fassen«, sagt er. »Satte Soldaten kämpfen besser. Wir lernen das nie.« Er beugt sich nach vorne. »Victor scheint zu halten. Hoffentlich lange genug.« Er dreht sich um. »Dunan!«

Ein kleiner, dicker Mann nähert sich hoheitsvoll. »Mein Koch«, sagt der kleine General nicht ohne Stolz zu dem Leutnant. »Vor mir hat er beim Herzog von Bourbon gedient, nicht wahr, Dunan?« Der Koch verbeugt sich ohne Demut. »Er wäre lieber Küchenchef beim zweiten Konsul, nicht wahr, Dunan?«

Der Koch lächelt, man merkt ihm an, daß ihm die Frage schon zu oft gestellt wurde. »Wer gut speisen will, speist beim zweiten Konsul«, erwidert er. »Wer schlecht essen will, beim dritten. Und wer rasch essen will – beim ersten.« Seine Hand, bemerkenswert mager für seinen dicken Korpus, weist auf den kleinen General. »Die Korsen verstehen nichts von guter Küche.« Er schüttelt sich. »Crépinettes de porc – Würste, das ist alles, was sie mögen. Plebeisch. Unverdaulich.«

Der kleine General hält ihm die Hand hin. »Dann zeigen Sie mal, was Sie können, Sie großer Koch – außer Crépinettes. Sammeln Sie auf, was Sie kriegen können, und kochen Sie für unseren hungrigen Freund hier eins ihrer köstlichen Gerichte.«

Dunan zuckt zusammen: »Aber mon général...« Der kleine General wischt den Einwand mit einer Handbewegung beiseite. »Ein großer Koch kann das. Und beeilen Sie sich. Mein junger Freund hat Hunger.«

Dunan verzieht sich und fällt in hektische Aktivität. Er wühlt seine Vorräte durch: ein Huhn, ein paar Eier, ein paar kümmerliche Gewürze. Tomaten. Ein Soldat hat ein paar Krebse gebracht, im Fluß gefangen, »für den General«, den sie alle so verehren – sie werden es, merkwürdig genug, auch dann noch tun, wenn er ihr Blut und das anderer junger Männer über ganz Europa ausgießt. Dunan zückt sein scharfes Küchenmesser – aber er vergießt kein Blut, sondern schneidet in atemberaubendem Tempo ein paar Pilze klein...

Wenig später steht er, eine dampfende Pfanne in der Hand, vor seinem General, der zugleich erster Konsul ist. Der blickt mißtrauisch auf das, was sein Koch ihm da hinhält. »Das soll man essen können?« fragt er. Dunan nickt. »Merkwürdige Mischung!« Dunan nickt wieder. »Probieren Sie, mon général!« Der kleine General nimmt einen Löffel voll – zufrieden wiegt er den Kopf. »Los!« fordert er den Leutnant auf, der gierig einen Bissen nach dem anderen verschlingt. Napoleon greift zum Fernrohr. Er beginnt zu lächeln. »Desaix!« sagt er.
Im Geist rechnet Dunan aus, was es ihm bringen könnte, seine Augenblickseingebung als »Poulet Marengo« an ein Pariser Restaurant zu verkaufen...

Es gibt mehrere solcher Geschichten über das Poulet Marengo – zum Beispiel wird auch kolportiert, Napoleon habe nach dem Sieg ein Essen verlangt, Dunan, der den ganzen Verpflegungstroß verloren hatte, habe daraufhin aus den paar Zutaten dieses Gericht zusammengeschustert. Wie auch immer: Über die Schlacht von Marengo redet kaum noch jemand (allenfalls wird sie besungen, denn Puccinis Oper »Tosca« spielt am Tag nach der Schlacht von Marengo), aber das Huhn ist im doppelten Wortsinn in aller Munde. Und Dunan, der ein großer Koch war, es aber bei einem Herrn, der Essen für Zeitverschwendung hielt, schwer hatte, wurde dadurch unsterblich. Er hat es verdient.

Poulet Marengo

Eine Poularde wird in acht Teile zerlegt und angebraten, mit Salz und Pfeffer bestreut und beiseitegestellt. In heißem Öl röstet man eine kleingehackte Knoblauchzehe und zwei kleinstgehackte Zwiebeln glasig an, bestäubt mit etwas Mehl, gibt zwei grob geschnittene Tomaten dazu, löscht mit etwas Weißwein und etwas Hühnerbrühe ab, würzt mit einer Nelke, einem Lorbeerblatt und etwas Pfeffer, gibt das Huhn dazu und schmort gar. Kurz vor dem Garwerden gibt man eine Handvoll Champignons und mindestens zwei Flußkrebse zu. Auf einer Platte richtet man das Hühnerfleisch mit den Pilzen, den Krebsen und geröstetem Weißbrot an, gibt die Sauce drüber und garniert mit zwei Spiegeleiern.

Pizza patriotica

Die Ankunft des italienischen Königspaares in Neapel brachte nicht nur die Stadt, sondern vor allem die Pizza-Bäcker in Aufregung. Die Königin Margherita, genuesische Gattin von König Humbert I (italienisch Umberto), wünschte eine Pizza zu speisen, und ein Bäkker buk sie ihr – belegt in den Nationalfarben. So entstand die italienische National-Pizza.

Große Aufregung bei den Hofschranzen. »Ihre Majestät wünscht...« – »Eine Pizza?« – »Um Himmelswillen!« – »Wo ist der Pizzabäcker, der königliche Pizzabäcker?« – »Wo?« –
»Her mit dem königlichen Pizzabäcker!«
Der Aufruhr steigerte sich, das ganze königliche Schloß von Neapel, eine Scheußlichkeit aus rotem Stein, Bronze und Brokat, hallte davon wider. Aber der königliche Pizza-Bäcker war nicht zu finden. Man hatte ihn in Rom zurückgelassen oder auf dem Weg verloren, vielleicht war er in Florenz zurückgeblieben, niemand wußte es. Auf jeden Fall: er war nicht da.
»Es müßte doch mit dem Teufel zugehen«, meinte da plötzlich einer der Hofbeamten, »wenn wir nicht einen Pizzabäcker auftreiben würden. Dies ist Neapel, die Stadt der Pizza.«
»Ach?« Die anderen Hofbeamten, alles Leute aus dem Norden, denen Neapel schon so etwas wie die Vorstadt des Orients war, horchten auf, denn das hatten sie noch nie gehört. »Es gibt Pizza in Neapel?« »Freilich«, erwiderte der Beamte. »Sie kommt aus Neapel. Ist hier Nationalgericht. Wenn Sie in die Altstadt gehen, finden Sie an jeder Ecke einen Pizzabäcker.«
»In die Altstadt!« kreischten die Beamten. »In die Altstadt!« Bilder von Mord, Überfall und Raub entstanden

vor ihren Augen. Nein, in die Altstadt von Neapel, da konnte man doch nicht hingehen.
»Dann lassen Sie uns in der Via Roma schauen, gleich hier um die Ecke.«
»Gefährlich?«
»Die Hauptstraße von Neapel, schön, elegant, gefährlich teuer – aber sonst...« Der Beamte wunderte sich schon lange nicht mehr. Diese Norditaliener waren eben nicht anders – für sie war eine Fahrt halb in den Süden (denn Neapel gehört durchaus noch zu Mittelitalien) eine gefährliche Abenteuerfahrt. »Ich gehe alleine«, verkündete er deshalb. »Bin gleich wieder da.«
Er verließ den königlichen Palast, suchte seinen Weg durch die zahllosen Kutschen und Fuhrwerke, die die Straßen verstopften, vorbei an den fluchenden Kutschern, den schimpfenden Fahrgästen, vorbei an den Plakaten des Teatro San Carlo, einem der bedeutendsten Theater Italiens, und schon war er in der langen, schnurgeraden Via Roma. Geschäft reihte sich an Geschäft, aber Restaurants oder Cafés fand er keine, jedenfalls nicht in der Nähe des Schlosses. Entschlossen stiefelte er weiter. Nichts – nur ein vereinsamtes, allerdings ziemlich großes Café – »Roma« hieß es zu allem Überfluß. Der Beamte schaute sich um – nichts. Also blieb ihm gar nichts anderes übrig. Er betrat das Café.
»Sie wünschen?«
Der Beamte zögerte.
»Ich weiß schon – unsere Spezialität, die Cassata – wir haben sie nämlich erfunden, müssen Sie wissen. Sie ist gut, die Cassata, wirklich, echt, formidabel!« Ehe der Beamte sich wehren konnte, stand diese köstliche süditalienische Eisspezialität vor ihm – zartgefrorener Quark, mit kandierten Früchten durchsetzt, in einer Hülle aus feinstem Biskuitteig.
»Aber...«
»Sie schmeckt nicht, die Cassata?«
»Vorzüglich. Aber ich suche etwas anderes.«
»Lassen Sie sich Zeit, mein Freund. Essen Sie die Cassata, dann sehen wir weiter. Wir haben Zeit hier in Neapel. Nichts ändert sich.«
»Haben Sie einen Pizza-Bäcker?«
Der Wirt erstarrte. »Dies ist ein Caféhaus, mein Herr. Ein vornehmes Caféhaus.«
»Ich weiß. Aber ich komme vom Schloß, ihre Majestät, die Königin...«

»Die Königin Margherita?« Der Wirt bekreuzigte sich. »Was wünscht die Königin?« Er bekreuzigte sich nochmal. »Sie kann haben, was sie will. Ich bin ihr treuer Untertan.«
»Eben einen Pizzabäcker sucht sie.«
Der Wirt pfiff auf zwei Fingern, was der vorgeblichen Vornehmheit seines Cafés ein wenig Abbruch tat. »Giuseppe«, rief er einem Kellner zu, «frag mal in der Küche, ob einer von den Kerlen Pizzen backen kann!«
Der Kellner kehrte mit guter Nachricht zurück – und brachte den Pizzabäcker gleich mit. »Tonio«, sagte er, »Tonio hat ein halbes Jahr in einer Pizza-Bäckerei gearbeitet.«
Der Beamte schnappte sich den jungen, verlegenen Mann. »Kommen Sie mit!« Er bedankte sich bei dem Wirt und versprach, ihm seinen Bäcker binnen kürzester Zeit zurückzuschicken.
»Ich verehre die Königin Margherita«, sagte der junge Mann, als sie ins Schloß zurückgingen. »Ich werde mein Bestes tun, aber ich habe lange keine Pizza mehr gemacht – hoffentlich geht nichts schief!« Er zögerte einen Moment. »Man kann für die Königin nicht irgendeine Pizza machen – quattro stagioni, Salami, frutti di mare, capricciosa, al tonno, ai funghi ...« Er zählte alle Varianten auf, die er kannte, eine Endloslitanei. Aber dann ging ein Leuchten über sein Gesicht. »Ich hab's – eine patriotische Pizza, eine pizza tricolore, eine Pizza für die Königin – eine Pizza Margherita!« Und strahlend begann er, den Hefeteig zu kneten.

Wir wissen, wie das gemacht wird: man wirft den fertigen Teig mit schnellen Drehungen nach oben und fängt ihn wieder auf. Gewitzte Pizza-Bäcker drehen so in Sekundenschnelle den Klumpen zu dünnsten Wagenrädern, die dann kunstvoll belegt werden.
Wer die Pizza nur aus Schnellrestaurants kennt, aus Buden um die Ecke, der wird erstaunt sein, welche Vielfalt sich hinter diesem ursprünglichen Arme-Leute-Gericht verbergen kann. Eine gute Pizza ist ein meisterhaftes Gericht, nur bekommt man sie kaum noch – am ehesten in ihrer Heimat Neapel, aber auch dort muß man aufpassen, daß einem nicht ein pappiger Teig mit verbranntem Belag serviert wird.

Eine wirkliche Pizza ist hauchdünn, knusprig, und obendrauf locker belegt – wie sie unser Bäcker aus dem Café Roma geschaffen hat. Die Geschichte ist – im Unterschied zu vielen anderen – wahr. Wahr ist auch, daß das Café Roma die Cassata, ebenfalls eine arg malträtierte süditalienische Spezialität, in der jetzt üblichen Form kreiert hat. Das Café gibt es heute noch, und die Cassata hat immer noch die gleiche Qualität.
Die Pizza Margherita also ist eine Pizza in den Nationalfarben: Rot – das sind Tomatenscheiben, weiß – das ist Mozarellakäse, grün – das ist frischer Basilikum. Wahrlich eine patriotische Angelegenheit.

Pizza Margherita

200 Gramm Mehl, 30 Gramm Schweineschmalz oder Butter, 10 Gramm in etwas Wasser gelöster Hefe, etwas Salz und etwas Zucker mit lauwarmem Wasser zu einem Teig verarbeiten, der nicht zu fest sein darf. Man läßt den Teig aufgehen, etwa eine halbe Stunde lang. Dann schlägt man ihn nochmal und rollt ihn zu einer kreisrunden dünnen Scheibe aus. Wer's kann, drückt ihn mit dem Handballen flach. Das ist der Grundteig, den man nun verschieden belegen kann. Wichtig ist, daß er am Schluß gut mit Öl beträufelt wird. Und daß er nicht zu lange im Ofen ist – sonst wird er hart wie eine Scheibe Zement – höchstens zwanzig Minuten bei nicht zu großer Hitze.
Belegt wird der Teig mit Tomatenscheiben, Schinken, Käse, Salami, Pilzen, Paprikaschoten, Sardellen, Thunfisch, Meeresfrüchten, Speck, kleinen Fleischklößchen, Kräutern, Eiern, Artischocken, was einem eben so einfällt. Bei der Pizza Margherita allerdings ist der Belag vorgeschrieben.
Man legt abwechselnd Tomatenscheiben, Mozarellascheiben und frische Basilikumblätter auf den Teig, nicht zu knapp, denn das zieht sich alles zusammen, und dann ist die Pizza mit fast nichts mehr belegt. Reichlich Öl darauf träufeln und sehr heiß servieren.

Der seltsame Geschmack des Geheimrats

Angeblich aß der Geheimrat von Holstein jeden Tag dasselbe – das nach ihm benannte Schnitzel, das heutige Gastronomen oft als landsmannschaftlich mißverstehen. Merkwürdig ist das Rezept allerdings schon, es entspricht dem sonstigen, auch politischen Gebaren seines Namensvaters.

Die beiden Beamten blickten von ihren Schreibpulten hoch, als die Klingel ertönte, die besagte, daß der Geheimrat einen von ihnen zu sprechen wünschte. Seufzend legten sie die Papiere beiseite, an denen sie gerade schrieben. Der eine, ein dünner, fast ausgemergelter Ostpreuße, öffnete das Fenster einen Spalt. »Scheußliche Luft«, sagte der andere, kleiner, dicker und sichtlich aus Berlin gebürtig. »Kriegste jarkeene Luft mehr, wa?«

Der Ostpreuße nickte. »Recht is, Mannchen. Wenn ich da an Masuren denke...« Er schneuzte sich geräuschvoll. Die Klingel ertönte nochmal. »Wer jeit denn jazz zum jeheimen Rat?«

»Kaludrigkeit!« brüllte eine Stimme aus dem Inneren des Allerheiligsten. Damit war die Frage beantwortet. Während der Ostpreuße verschwand, schrieb der Berliner wieder eifrig Zeile auf Zeile in einen Akt, auf dem, neben einem ausgebleichten roten Schrägstrich, das Wort »Geheim!« zu lesen stand. Er kopierte eine Akte, die auf mehr als verschlungenen Pfaden aus dem Innenministerium in das Büro des Geheimrats von Holstein geraten war. Als preußischer Beamter fühlte er zwei Seelen in seiner Brust: die eine, korrekte, verabscheute dieses heimliche Kopieren. Die andere, obrigkeitsstaatliche,

nahm den Befehl des Geheimrats als solchen und folglich als unabänderlich hin.
Kaludrigkeit kam dienernd aus dem Allerheiligsten. »Was will er denn?« »Sein Mittagessen.« Der Ostpreuße schlüpfte in seinen schäbigen, an den Ärmeln und am Kragen schon stark abgewetzten Paletot.
»Sag mal«, unterbrach sich plötzlich sein Kollege mitten in der Arbeit. »Sag mal – wie lange bist du schon hier?«
»Zehn Jährchen.«
»Und?«
»Und was?«
»Und hat dich eigentlich noch nie jestört, watde hier machst?«
»Nein. Eijentlich nich.«
»Aber wir kopieren doch Akten, wat? Aus einem anderen Ministerium. Nee du, ick fühle mir da jarnich wohl.«
»Dafür biste auch beim mächtigsten Mann der janzen Rejierung.«
»Der aber jarnich in der Rejierung is, weeßte!«
Der Ostpreuße blickte ob so viel Unwissenheit anklagend in Richtung Himmel. »Das sacht doch nischte, Mannchen: nich, wer Rejierung heißt, is auch die Rejierung.«
Der Berliner schüttelte den Kopf. Er wollte etwas sagen, da öffnete sich die Tür des Büros, und der Herr Geheimrat persönlich stand im Rahmen. »Sie sind immer noch da, Kaludrigkeit?«
»Ich bin jrade am jehn, Herr Jeheimrat.«
»Dann machen Sie mal. Ich habe Hunger. Ach –« er wandte sich noch einmal um. »Lassen Sie heute bitte den Lachs weg, ja?« Wortlos drehte er sich um und schloß die Tür hinter sich.
»Nej«, sagte Kaludrigkeit, »mir wird jedesmal übel, wenn ich das bestellen muß.«
»Wie eener jeden Tach det Gleiche essen kann, det is mir ooch nicht klar.«
»Ich hab ihm auch schon mal jesacht, essen se doch mal nen anständijen Klops, aber nej, er mach das nich, sacht er. Er ißt ogg seine Schnitzelchen.«
Der Berliner klappte den Aktendeckel zu. »Wie Bismarck den Hering.« Kaludrigkeit lachte. »Er hofft ja auch, daß man diese Schnitzelchen nach ihm nennen tut – da wird sich der Bismarck aber ärjern, hat er neulich jesacht, nach ihm nen Hering und nach mir solche Schnitzelchen!« Er schüttelte den Kopf über diese kulinarische Verirrung.

»Nej, nej, komische Leute jibt es in Berlin. Nej, nej.« Er knöpfte den Paletot zu und stapfte davon. Der Berliner beugte sich über eine neue Akte.

Geheimrat Friedrich von Holstein (1837–1909) ist eine der schillerndsten und zugleich eine der verhängnisvollsten Figuren der deutschen Geschichte gewesen. »Der Mann mit den Hyänenaugen«, so nannte Bismarck ihn. Bismarck förderte Holsteins Karriere, holte ihn ins Auswärtige Amt, wo Holstein geradezu Spitzeldienst für Bismarck leistete. Zugleich aber betrieb er hinter dem Rücken des Kanzlers eine eigene Politik, die hauptsächlich auf Abwendung von Rußland ausgerichtet war. Am Sturz Bismarcks war er führend beteiligt: unter seinen Nachfolgern Caprivi und Fürst Hohenlohe bestimmte er in Wirklichkeit die Richtlinien der Politik, ohne irgendwo in den Vordergrund zu treten. »Die graue Eminenz« war der Name, unter dem er berühmt wurde, und den er zur Beschreibung eines Typs lieferte – seither nennt man solche Männer »graue Eminenzen«. Holstein verhinderte die Erneuerung des Rückversicherungsvertrages, wollte auf der anderen Seite aber Deutschland stärker an England anlehnen und stellte sich gegen die Großmachtpläne Wilhelms II., den er persönlich verachtete. Holstein wollte einen Präventivkrieg, drang damit nicht durch, und nach dem erfolglosen Marokkoabenteuer wälzte Seine Majestät alle Schuld auf ihn ab und entließ ihn. Doch auch nach seiner Entlassung hatte er noch großen Einfluß auf die deutsche Politik. Im Harden-Eulenburg-Skandal hat er eine bis heute nicht endgültig geklärte Rolle gespielt, außerdem hat er, wie Bismarck auch, sein politisches Wissen zur persönlichen Bereicherung auf dem Weg über Börsenspekulationen benutzt.
»Sein« Schnitzel wurde ihm nicht gewidmet, sondern er hat es wirklich selber erfunden. Er lebte allein, galt als Sonderling, verstand aber einiges von gutem Essen. Persönlich gab er dem Küchenchef des Restaurants »Borchardt« in der Französischen Straße in Berlin die Anweisungen für das Rezept. Es findet sich, verändert und verballhornt, heute noch auf vielen Speisekarten, wird aber meist für eine landsmannschaftliche Besonderheit (aus Holstein) gehalten.

Schnitzel Holstein

Man wendet ein dünnes, fettloses Kalbsschnitzel in Mehl und brät es in der Pfanne von beiden Seiten scharf an. Man salzt und pfeffert und richtet es auf einer Platte an.

Auf das Schnitzel kommt ein Spiegelei, garniert – entweder – mit Anchovisfilets und Kapern oder – das ist nicht mehr ganz sicher zu klären, scheint aber korrekter zu sein – mit Pfeffergurken, Perlzwiebeln und roten Rüben.

Das ist aber noch nicht alles: Das Schnitzel wird mit in Dreiecke geschnittenem Toastbrot umlegt, und auf dieses Toastbrot kommen abwechselnd Ölsardinen, Räucherlachs, Hummer und – jawohl! – Kaviar.

Diese lukullische und teure Garnitur ist vielleicht nicht nach jedermanns Geschmack. Man kann ja tatsächlich streiten, ob das zusammenpaßt. Deshalb wird es oft mit Kartoffeln, vorwiegend Bratkartoffeln gereicht. Nur: Dann ist es eben kein Schnitzel Holstein mehr, sondern ein Kalbsschnitzel mit Spiegelei und Bratkartoffeln.

Schnitzel Holstein war vor allem in den fünfziger Jahren besonders populär. Als es uns wieder besser ging, wollten die, dies hatten, gerne zeigen, was sie sich leisten konnten. Deshalb kam das etwas parvenuhafte Gericht wieder in Mode. Die lukullisch aufwendigen kleinen Toastbrote (manchmal wurden sie noch zusätzlich ausgestochen) wären eigentlich eher eine akzeptable Vorspeise.

Der vergeßliche Feldmarschall

Das Wiener Schnitzel kommt nur zum Teil aus Wien – es verdankt seine Existenz und seine weltweite Beliebtheit einem Mißverständnis des österreichischen Generalgouverneurs von Norditalien, der ein Mailänder Rezept in Wien heimisch machen wollte, dabei aber das Wichtigste vergaß.

Die Kapelle unterbrach ihr Spiel. Der Kapellmeister klopfte ab, gab zwei Takte vor – und die Hymne erklang. Die Herren standen auf und verbeugten sich, die Damen versuchten einen tiefen Hofknicks. Der Erzherzog lächelte und winkte mit der Hand ab. »Nicht so förmlich, liebe Freunde. So offiziell bin ich gar nicht hier.« Die Kapelle spielte die Hymne zu Ende, der Erzherzog setzte sich neben den alten, weißhaarigen Herrn.
»Nun, lieber Radetzky, was haben Sie uns heute mitgebracht?« fragte er leutselig. Der alte Feldmarschall, der schon geholfen hatte, den großen Napoleon aus Mitteleuropa zu vertreiben und nun in Norditalien als Statthalter des Habsburger Kaisers ein gärendes Land in Ruhe halten sollte, zwinkerte mit den Augen. »Sie werden sehen. Aus Italien!« »Aha – lieber Radetzky, soll das eine Schmeichelei mir gegenüber sein?« Der Erzherzog war am ganzen Hof als Freund der schönsten Provinz des Reiches bekannt.
Radetzky hob sein Glas. »Ein leichter Soave«, sagte er. Der Erzherzog stieß mit ihm an. »Er erinnert mich an die Hügel Venetiens, an die Sonne.«
»An das Blut«, setzte der Feldmarschall grimmig hinzu. »Vergessen Sie nicht das Blut. Sie sind verrückt, die Italiener. Sie haben keinen eigenen Staat, aber sie wollen uns nicht. Sie sind verrückt.« Er schüttelte den Kopf. »Sie sabotieren uns in Mailand oder in Verona. Wenn wir ins Theater gehen, bleiben sie weg. Sie kommen nicht zu unseren Einladungen, sie schreiben Musik gegen uns, sie planen Anschläge und Revolutionen. Sie sind verrückt.«
Der Erzherzog zuckte die Achseln. »Wir werden uns damit abfinden müssen. Wir sind ihre Herren.«

»Aber wie lange noch?«
»Seien's nicht so pessimistisch, Radetzky!«
»Ich leb lange genug da unten.«
»Sie haben sich aber noch nie beklagen müssen – über mangelnde Zuneigung von Seiten der Italienerinnen ...«
Der alte Feldmarschall zwinkerte, wie es seine Angewohnheit war. »Man lebt, wie man's kann.« Der Erzherzog lachte. In ganz Wien waren die Affairen des alten Soldaten bekannt – er kam nie auf einen grünen Zweig, weil er ständig Schulden machte, sein Geld immer wieder für Diners, Empfänge und seine zahlreichen Freundinnen ausgab. (Um zu Geld zu kommen, hatte er schon zu Lebzeiten seinen Leichnam an einen Wiener Heereslieferanten verkauft, dessen privater Heldenfriedhof mit Radetzkys Grab heute noch zu besichtigen ist.) Radetzky galt als »Genießer« – man hätte es auch anders ausdrükken können. Dieser sein Ruf stand seinem militärischen Ruhm etwas im Wege: er war ein ausgezeichneter Soldat, aber seine Versuche, die österreichische Armee zu modernisieren, stießen beim Hofe auf taube Ohren. Später würde man dafür zu bezahlen haben.
»Aber jetzt verraten Sie doch, was Sie uns aus Italien mitgebracht haben«, drängte der Erzherzog.
Radetzky beugte sich näher zu ihm. »Ich hab ja einen italienischen Koch, den besten, den ich kriegen konnte, also den besten, der bereit war, für einen Österreicher zu arbeiten. Er ist ein Spezialist für die Mailänder Küche.«
»Ich mag sie nicht so sehr, mir ist die venezianische lieber.«
»Tatsächlich? Dabei hat die Mailänder mit unsrer hiesigen etwas gemein, nicht?«
»Eben.«
»Ein bissl fett vielleicht, ein bissl schwer sicher, aber mir gefällts. Heuer gibts auch schöne Trüffel, und das Wild ist vorzüglich. Aber ich schweif ab – also, Sie kennen vielleicht diese Mailänder Koteletts?«
»Costoletta?«
»Ja. Die habens mir angetan. Und ich dachte, das können wir in Wien doch auch. Vielleicht ohne den Knochen – wissen's, ich bin ja ein alter Mann, und da dacht ich, wir nehmen unser Schnitzel und bereiten's genauso zu wie die costoletta.« Auf ein Zeichen von ihm wurden riesige Platten aufgetragen, auf denen goldgelbe, kleine dünne Schnitzelchen lagen, paniert, garniert mit Zitronen-

scheiben und frischer Petersilie. Die Lakaien legten jedem der Gäste eines der köstlichen kleinen Meisterwerke vor. Radetzky klopfte an sein Glas und erklärte den Anwesenden, was sie da vor sich hätten. Die kulinarische Premiere wurde begangen. Der Erzherzog kostete, schüttelte den Kopf und kostete nochmal.
»Schmeckt anders als in Mailand, nicht?« meinte er. Radetzky nickte. »Ein anderes Stückerl Fleisch, ich sagte es Ihnen ja.« – »Nein, das ist es nicht, da fehlt was!«
Radetzky stutzte und überlegte. Dann schlug er sich mit der flachen Hand auf die Stirn. »Jessas! Natürlich! Man wird alt!« Er lachte, daß sein Bauch wackelte. »Wir ham den Käs vergessen!«
»Stimmt!« Der Erzherzog lachte auch. »Die Mailänder panieren ihre costoletta in Käse.«
»Also kein Mailänder Schnitzel!«
»Aber gut schmeckt's trotzdem!«
»Na«, sagte der Feldmarschall. »Nennen wir's halt ein Wiener Schnitzel!« Die Gesellschaft lachte. Am anderen Ende der Tafel beugte sich Leutnant Moritz von Podlubetzki, von seinen Freunden Mucki genannt, zu Leutnant Ferdinand Ehrenreich von Ösközkemet, von seinen Freunden Ferry geheißen, hinüber und meinte: »Schmeckt a bissel fad, was, Ferry?«
»Hast recht«, nuschelte Ferdinand Ehrenreich von Ösközkemet, »a Wiener Schnitzel, wo hast das schon amal ghört!«
»Glaubst, daß sich das durchsetzen wird, Ferry?«
»Aber geh, Mucki, da hast einen Gspaß gmacht – wer wird das essen wollen!«

Das Wiener Schnitzel, das heutzutage zum Schrecken der Restaurantbesucher geworden ist, hat nicht viel mit dem echten zu tun. Das beginnt bei der Panade, die dazu da ist, den Saft im Fleisch zu halten, nicht, ein undefinierbares Stück fettigen Fleisches zu verbergen. Es muß außerdem dünn geschnittenes Kalbfleisch sein. Nach der Fama muß das Schnitzel so trocken, also so wenig fettig sein, daß es, fertig gebraten, keine Flecken macht. Unser heutiges chemisch behandeltes Kalbfleisch läßt allerdings ein korrektes Wiener Schnitzel kaum noch zu, aber man kann es dennoch immer mal wieder probieren. Die Geschichte stimmt übrigens – wie ja die meisten der

Länder der Habsburger Monarchie ihre Spuren auf der österreichischen Speisekarte hinterlassen haben. Und es war tatsächlich der Feldmarschall Radetzky, der das Schnitzel aus Italien nach Wien brachte.

Josef Graf Radetzky (1766–1858) war bereits 1813/14 Generalstabschef der verbündeten Armeen, die Napoleon I. schlugen. Er schlug 1848 bei Custozza und 1849 bei Novara den König von Sardinien-Piemont. Seine Versuche der Heeresreform scheiterten, er geriet in Distanz zum Metternich'schen System, aber nach der Revolution von 1848 stellte er sich auf die Seite des konservativ-absolutistischen Kaisers Franz Joseph. Damals schrieb Johann Strauß Vater sein op. 228, das den Feldmarschall auch über die österreichischen Grenzen hinaus bis heute populär machte: den Radetzky-Marsch.

Wiener Schnitzel

Das Rezept für Wiener Schnitzel klingt einfach, ist aber sehr schwer zu realisieren. Erstens braucht man dünn geschnittenes Kalbfleisch von der besten Sorte. Das wird leicht gesalzen und in Mehl gewälzt. Überschüssiges Mehl abklopfen. Dann zieht man das Schnitzel durch verquirltes Ei und paniert es mit Semmelbröseln (nicht mit fertigem Paniermehl). Wiener Schnitzel werden in Schmalz gebraten, das bei kleiner Flamme zum Siedepunkt erhitzt worden ist. Also nicht scharf anbraten, sondern langsam durchbraten – nur so wird die Panade nicht scharf und verbrannt, sondern bekommt die berühmte goldgelbe Farbe, nur so wird das Fleisch so zart, wie es sein soll.

Dazu ist nichts zu sagen – vielleicht nur noch, daß man darauf achten soll – will man es ganz korrekt machen, daß der Metzger das Schnitzel aus der Nuß schneidet und es dann mit dem flachen Metzgerbeil klopft.

Costoletta milanese

Die costoletta milanese geht ein wenig anders: ein Kalbskotelett wird gesalzen, in Mehl gewälzt, durch Ei gezogen, dann aber mit einer Mischung aus geriebenem Parmesan und Brotbröseln paniert. Hier muß man beim Braten noch vorsichtiger sein, weil der Käse bitter wird, wenn er zu scharf angebraten wird. Die Sitte, zur costoletta milanese Spaghetti und Tomatensauce zu reichen, muß verurteilt werden.

Der Komponist und die Trüffel

Töne haben ihm Geld gebracht, aber sein eigentliches Interesse galt der Kochkunst, die er, als echter Bürger von Pesaro, sein Lebtag mit Begeisterung ausübte. Neben dem »Barbier von Sevilla« hat ihn sein »Tournedos« berühmt gemacht. Mit beidem treibt man in großen Häusern gerne Schindluder.

Ein livrierter Diener öffnet die hohen weißen Türen des Speisezimmers. »Bitte« –, Rossini wedelt mit der rechten Hand – »bitte, wenn Sie die Güte haben wollen...«

Der Besucher versteht und hilft der schweren Gestalt aus dem Sessel. »Ich weiß«, sagt Rossini, »ich esse zu viel«. Der Besucher lächelt: »Früher waren Sie ganz schlank.« – »Früher – das ist lange her.«

Genießerisch kosten die beiden Herren den Wein, einen herben, trockenen Sancerre. Der Livrierte serviert, auf kleinen Tellern, einen Salat aus Trüffeln, geraspeltem Käse und Zwiebeln, in Essig und Öl angemacht. »Dieses Rezept«, erzählt Rossini, »Sie werden es kaum glauben, habe ich kennengelernt an dem Tag, als mein ›Barbier‹ in Rom durchfiel. Es hat die Schmerzen der Pleite voll wettgemacht. Oder fast.«

»Es war zum Weinen«, bestätigt der Gast. »Ganz im Gegensatz zu diesem Salat.«

»Ich habe nur zweimal in meinem Leben geweint – als der Barbier durchfiel und als mir eine getrüffelte Ente in den Genfer See rutschte.«

Der Besucher lacht. »Manchmal habe ich den Eindruck, Sie sind wirklich ein Koch, der komponiert, und nicht umgekehrt.«

»Ein Koch, der komponiert hat.«

»Sie haben nichts mehr geschrieben seit dem ›Wilhelm Tell‹ – wirklich nichts mehr?«

Rossini zögert leicht, aber die Lüge kommt schnell: »Nichts mehr. Ich komponiere in der Küche, sonst nirgendwo.« Er denkt kurz an die kleine feierliche Messe, die in irgendeiner Schublade liegt, aber er verdrängt

diesen Gedanken wieder. »Das Komponieren ist mir zuwider – oder sagen wir: die Leute, mit denen man dabei zu tun hat, sind es. Angeber, Wichtigtuer, Leute, die nur aufs Geld aus sind ...« Er lächelt, als ihm ein Gedanke durch den Kopf schießt. »Sie sind alle so leicht zu betrügen.«
Der Besucher nippt an seinem Glas. »Sie haben keinen Spaß am Komponieren gehabt?«
»Viel sogar. Aber einmal muß es zu Ende sein. Ich habe erreicht, was ich erreichen wollte. Ich bin berühmt, ich bin wohlhabend, warum soll ich mich weiterhin mit den Irren am Theater beschäftigen? Ich denke mir – vom Kochen und vom Essen verstehen mehr Leute etwas. Und es ist irgendwie intimer, persönlicher, für jemanden ein exquisites Gericht zu kreieren, als für ein paar hundert Narren eine Oper zu schreiben.«
»Sie erfinden also Gerichte? Gibt es das denn überhaupt noch – Gerichte, die noch nicht erfunden sind?«
Rossini schiebt den Teller von sich. »Der Conte di Castiglione hat das auch geglaubt. Er hat mit mir gewettet, ich könne nichts kochen, was er noch nicht gegessen habe.«
»Und?«
»Natürlich habe ich die Wette gewonnen. Er war sehr überrascht, als er mich verließ.«
»Was haben Sie ihm kochen lassen?«
»Ich habe mich sogar selber an den Herd gestellt. Ich nahm – Sie werden es nicht glauben – seine Glacéhandschuhe, füllte sie mit einer Farce aus Gänselebermousse, Kräutern und kleinstgehackten Trüffeln, aus dem Périgeux, und dünstete sie – ich sage Ihnen, er hat es nicht gemerkt, erst als er gehen wollte und die Handschuhe suchte!« Rossini lacht, daß ihm die Tränen kommen. Sein Besucher hat sich verschluckt und hustet. Rossini klopft ihm auf den Rücken, dann lachen beide.
»Es ist gut, daß ich keine Handschuhe dabei habe.«
»Oh, für Sie habe ich etwas Zivileres gefunden – Sie wissen, wie sehr ich die Trüffel liebe ...«
»Aber die französische, wie ich gehört habe.«
»Ich finde sie würziger als unsere weißen, und außerdem, hier in Paris ist sie leichter zu bekommen. Ich habe Ihnen ein schönes Filetstück vom Rind ausgesucht, auf einem Brotsockel – Sie wissen, damit der Saft, der dieses Stück so verführerisch macht, nicht verloren geht – wir werden es mit frischer Gänseleber und einer hingehauchten

Scheibe Trüffel genießen – dazu eine leichte kurze Sauce aus Madeira-Wein – mein Herr, so speist man bei Rossini.«
»Tournedos à la Rossini – das klingt nicht schlecht, oder?«
Rossini schnauft und klingelt nach dem Diener. »Was wetten wir – es wird mich überleben, dieses Rezept?«
Der Diener räumt die Vorspeisenteller ab. Der Besucher lächelt: »Erst wollen wir es probieren – ehe wir wetten.«

Er hätte verloren. Tournedos Rossini gehört zum festen Bestand der großen Küche – so wie seine Opern zum festen Bestand aller Opernhäuser der Welt gehören. Gioacchino Rossini wurde 1792 in Pesaro geboren, und er trat schon als junger Mann als Opernkomponist in Erscheinung. Seine berühmteste Oper ist »Il Barbiere di Siviglia« (1816), die bei der Premiere ein fürchterlicher Reinfall war. Auch wenn er uns heute hauptsächlich als Schöpfer heiterer Opern bekannt ist (»La Cenerentola«,

»L'Italiana in Algeri«, »Il turco in Italia«), war Rossini auch einer der Schöpfer der großen, ernsten Oper – das Vorbild seines letzten Werkes »Guillaume Tell« hat Verdi sehr beeinflußt, und bis zu Verdis gleichnamiger Oper war Rossinis »Othello« unbestrittener Favorit der Bühnen. »Semiramide«, »Mose in Egitto« zum Beispiel sind andere ernste Opern, die auch heute hin und wieder zu sehen sind. Als der Erfolg kam und immer größer wurde, zog Rossini nach Paris – und der »Schwan von Pesaro« hörte mit Komponieren auf, ein wenig noch für die Schublade, mehr nicht. Er begann zu leben, hielt Hof als »grand old man« der italienischen Musik, beobachtete interessiert den Fortgang der Oper, vor allem Verdi hatte es ihm angetan, und kochte. 1868 starb er in der französischen Hauptstadt. Er liegt auf dem Friedhof Père Lachaise begraben – sein Herz ruht in der Kirche Santa Croce in Florenz.

Tournedos Rossini

Ein »Tournedos« (Einzahl und Mehrzahl) wird aus dem Ende des Rinderfilets geschnitten, etwa vier bis fünf Zentimeter dick, es wird mit Speckstreifen umwickelt und zusammengebunden, damit es seine runde Form behält. Man brät es von beiden Seiten an (vier Minuten) und richtet es auf Toastscheiben an (damit der Saft, der beim Anschneiden aus dem Fleisch rinnt, von dem Brot aufgefangen wird). Man garniert, will man dem Herrn Rossini nacheifern, jedes Tournedos mit einer dünnen Scheibe Gänseleber und einer dünnen Scheibe schwarze Trüffel. Man löscht den Bratenfond mit Madeira ab und gibt die kleine kurze Sauce über das Fleisch. Fertig. Tournedos (entgegen dem allgemeinen Brauch, sie durch das Beiwort »Rossini« italienisch auszusprechen, ist es ein französisches Wort) kann man aber auch anders garnieren – mit Tomaten, Spargel usw. Oder sie schlicht und einfach, leicht gepfeffert und gesalzen, als solche essen – der Phantasie sind da keine Grenzen gesetzt. Verboten ist Gänseleberparfait – auch wenn es oft gemacht wird. Das hat mit Rossini nun wirklich nichts zu tun. Allerdings: die Möglichkeiten für die Hausfrau, an frische Gänsetopfleber zu kommen, sind gering. Man darf auch nicht vergessen: Herr Rossini war ein wohlhabender Mann. Sein Tournedos ist ein ausgesprochen teures Gericht.

Blätterteig bei Belle-Alliance

»Ich wollte, es wäre Nacht oder die Preußen kämen« – das soll der Herzog von Wellington vor der Schlacht bei Waterloo (Belle-Alliance) gesagt haben. Hinterher hat er den Preußen ein Rinderfilet servieren lassen.

In der Ferne tauchten Bärenfellmützen aus dem Dunst auf. Sir Arthur Wellesley, Herzog von Wellington, wandte sich zu seinem Adjutanten um und verlangte sein Fernrohr. Er zog es aus und schaute lange durch. »Es wird höchste Zeit«, sagte er. »Napoleon bringt seine Garde. Sie ist frisch, sie hat Mut. Wenn die Preußen jetzt nicht endlich eintreffen, können wir einpacken.«

»Vielleicht wird es bald dunkel«, antwortete der Adjutant. »Solange können wir uns eventuell noch halten.«

»Da bin ich mir weniger sicher.« Der Herzog schaute wieder durch das Fernrohr. »Die Garde ist ausgeruht. Er hat gewartet, bis er sie einsetzte. Es sieht nicht gut aus.«

Der Herzog von Wellington schwieg und versuchte, durch den Dunst und die Rauchschleier des Kanonenfeuers zu erkennen, was sich da unten auf dem sumpfigen Schlachtfeld tat. Viel war nicht zu sehen, das meiste mußte man sich vorstellen. Aber nach und nach wurde klar, daß Napoleons Truppen in der besseren Position waren. Die Engländer, müde von den langen Märschen, schienen verbraucht: die Garde könnte den Ausschlag geben. Der Herzog fluchte und schob das Fernrohr wieder zusammen. Er wollte es gerade seinem Adjutanten geben, als ein Reiter den niedrigen Hügel hochpreschte. Er salutierte knapp und sprang vom Pferd. »Die Preußen!« rief er, »die Preußen – in einer Stunde spätestens sind sie da!«

Der Herzog nickte, als wäre nichts geschehen. »Gut«, sagte er nur. »Gut.« Weiter nichts. –

Die Herren waren bester Stimmung. Der Rotwein funkelte in den Gläsern, als man anstieß. »Meine Herren«, sagte der Herzog von Wellington. »Auf die gute Allianz.« Feldmarschall Blücher trank sein Glas auf einen Sitz aus

und ließ sich nachfüllen. »Ich hatte kaum noch Hoffnung, daß Sie noch rechtzeitig ankämen«, meinte der Herzog. »Und ich kaum noch, daß Sie noch lebten«, entgegnete der Preuße mit seiner tiefen, brummigen Stimme. »Viel hätte nicht mehr gefehlt.«
»Die Franzosen haben tapfer gekämpft.«
»Wäre ich nicht im Schlamm steckengeblieben, wären wir schon ein paar Stunden früher dagewesen.«
»Die Garde hat gut gekämpft. Sie hat sich nicht ergeben. Ich fürchte, es ist kaum noch einer übrig von ihnen.«
»Der Korse hat ausgespielt – endgültig. Das Monstrum muß weg!« Blücher lachte roh. »Am besten, wir machen ihm den Prozeß.«
Wellington schüttelte den Kopf. »Das würde ihn nur zum Märtyrer machen. Ich denke, wir verbannen ihn irgendwohin, weit weg von Europa. Und dann, was dort passiert – man wird sehen.« Er gab einem Ordonnanzoffizier ein Zeichen. »Meine Herren – es ist mir eine Ehre, Sie hier zu wissen. Mein Koch, den ich stets mit mir führe, hat sich Ihretwegen, wie ich hoffe, selbst übertroffen.«
»Das ist auch notwendig«, flüsterte einer der preußischen Offiziere seinem Nachbarn zu. »Ich kenne die englische Küche. Sie ist grauenhaft.«
»Noch grauenhafter als unsere?« frug der andere zurück. Beide lachten leise.
»Er hat ein besonderes Stück Fleisch besonders behandelt, und wir wollen es zum Gedenken an die gestrige Schlacht ›Filet Belle-Alliance‹ nennen. Ich hoffe, es wird Ihnen munden!«
Zwei Ordonnanzen stellten silberne Platten auf den Tisch und entfernten sich wieder. Wellingtons Koch nahte mit einem scharfen Messer. Der Herzog gab ihm ein Zeichen. Er schnitt den Blätterteig auf, der das Filetstück umhüllte. Ein köstlicher Duft nach Pilzen und Saft frischen Fleischs stieg auf. Die Gäste schnüffelten angeregt. »Wenn es so gut schmeckt, wie es riecht ...«
Blücher grunzte. »Hauptsache ein großes, heißes Stück Fleisch und viel Kartoffeln, das reicht mir.«
»Dann werden Sie kaum auf Ihre Kosten kommen«, antwortete Wellington. »Fleisch gibt es zwar, und das beste, aber keine Kartoffeln.« Er schenkte seinem preußischen Gegenüber persönlich etwas Wein nach. »Ich habe das Rezept in Spanien ausprobieren lassen. Es hat mich auf all meinen Kriegszügen begleitet und mir oft gehol-

fen, Siegesfeiern noch etwas feierlicher zu machen. Allerdings: Heute ist es mir besonders lieb, denn ich glaube, das war wohl das endgültige Ende des Korsen.«
»Freuen Sie sich nicht zu früh«, knurrte Blücher. »Noch müssen wir erst nach Paris, und wer weiß, vielleicht treibt dieser Teufel in Menschengestalt noch einmal ein Heer auf.«
»Frankreich ist ausgeblutet«, sagte Wellington und schob ein Stück zartrosa durchgebratenes Filet in den Mund. »Das waren seine letzten Reserven. Und die Garde ist gefallen. Er ist am Ende.«
Unter den Auspizien des vollständigen Sieges wurde es ein erfreuliches Essen und eine lange Nacht. Auch ohne Kartoffeln fühlte sich der alte Blücher recht wohl, und als er einen letzten Toast auf den britischen Feldherrn ausbrachte, widersprach niemand seinem Vorschlag, dieses köstliche Rezept nach Sir Arthur Wellesley zu benennen.

Sir Arthur Wellesley, Duke of Wellington (1769–1852) ist einer der Sieger von Waterloo. Am 18. Juni 1815 besiegte er Napoleon in dessen letzter Schlacht gemeinsam mit den Truppen Blüchers. 1808–1813 hatte Wellington in Spanien gekämpft und große Teile der napoleonischen Truppen gebunden. Wellington war Legitimist: Er kämpfte in Spanien für die Rückkehr des angestammten Königshauses, und als Staatsmann in Großbritannien verhielt er sich später nicht anders. Er galt zu Recht als Reaktionär, war allerdings praktisch genug, sich manchmal aus taktischen Gründen zu fügen. Gegen Reformen und Reformer kannte er nur ein Mittel: das Heer. Er hatte sich und seine Zeit überlebt. Seinen Ruhm verdankt er Waterloo und dem nach ihm benannten Rinderfilet. Es wurde tatsächlich für ihn erfunden.

Filet Wellington

Filet Wellington gehört zu den schwierigeren Rezepten der großen Küche. Es empfiehlt sich daher nicht, als blutiger Anfänger daranzugehen. Mit etwas Erfahrung kann es allerdings kaum mißlingen.

Ein Rinderfilet wird enthäutet, ringsherum gut angebraten. Dann läßt man es wieder kalt werden.

Man hackt eine Zwiebel klein und läßt sie in etwas Butter Farbe annehmen. 100 Gramm durchwachsener Speck und 150 Gramm Champignons, ebenfalls kleingehackt, kommen hinzu, man dünstet durch, löscht mit einem Eßlöffel Madeira ab, gibt einen Teelöffel Tomatenmark dazu, bindet mit einem halben Täßchen eingekochter Brühe, würzt mit Salz, Pfeffer, Zitronensaft und etwas Paprika.

Mit dieser Masse umgibt man das Rinderfilet und umhüllt alles mit Blätterteig (tiefgefroren). Man verziert mit ein paar Blätterteigresten, bestreicht alles mit Eigelb und bäckt es im Ofen goldbraun. Das Fleisch muß noch schön rosig sein – das eben ist die Kunst, beim Anbraten nicht zu lange und nicht zu kurz zu braten.

Dazu eine Trüffelsauce:

Sauce Périgord

Man löscht den Fond des angebratenen Filets mit etwas Kalbsjus ab, läßt einkochen, gibt etwas Madeira, Salz und Pfeffer dazu. Ein kleines Döschen Trüffel (man kann auch gut die preiswerteren Trüffelstücke nehmen) wird benötigt – der Saft, in dem die Stücke sind, wird dazugegeben, man hackt etwas von den Trüffelstückchen klein und gibt es ebenfalls in die Sauce. Eine Trüffelsauce (auch Sauce Périgord, benannt nach der Heimat der Trüffel) ist die Krönung der feinen Küche – sie paßt auch zu anderem Fleisch, wie Wild oder Rebhühnern, Fasan etc.

Salz und Ochsenfleisch

Ein altes russisches Geschlecht waren sie, die Stroganoffs, Salz-Kaufleute und Bergwerksunternehmer. Geadelt adelten sie die große Küche – mit ein paar Filetspitzen.

»Gib mir den Wodka, Brüderchen!« grölte ein Bulle in Kosakenuniform, mit verfilzten Haaren und schmuddeligem Bart. Er entriß seinem Gegenüber die Wodkaflasche und setzte sie an den Mund. Mit ein paar Zügen trank er sie leer.

Graf Sergej Grigorjewitsch Stroganoff schüttelte sacht sein Haupt. Der Puder stäubte aus seiner gutsitzenden Perücke. »Gräßlich«, flüsterte er seinem Nebenmann zu, einem hohen Offizier der zaristischen Garde. »Gräßlich, diese Kosaken.«

»Was wollen Sie?« antwortete der Gardeoffizier. »So sind sie nun einmal, unsere Russen. Etwas plump, sicherlich, aber ganze Kerle.«

Der »ganze Kerl« in der Kosakenuniform stopfte gerade einen gebratenen Hasen mit beiden Händen in den Mund und goß sich Rotwein direkt aus der Kanne über den Kopf.

»Ich weiß nicht«, meinte Graf Stroganoff, »ob ich auf die ganzen Kerle nicht verzichten könnte. Selbst am Hofe der Zarin spielen sich solche Dinge ab ...«

Der Gardeoffizier zuckte die Achseln. »Was soll man machen?«

»Ausländer hierherholen, die diesen – diesen Kerlen ein wenig Manieren beibringen.«

»Tun wir das nicht schon genug? Schaun Sie sich im russischen Adelsregister um, wieviel deutsche Namen zum Beispiel Sie finden. Und ...«

»Die Deutschen haben selber keine Manieren.«

»Aber sie sind mit uns verwandt – jedenfalls mit dem Zarenhaus. Und Sie können sich anschaun, was Sie wollen, überall wo Sie in eine Ecke blasen, sitzt ein kleiner Deutscher drin. Vor allem dieser widerliche deutsche Kleinadel – nein, also dann lieber solche rülpsenden Schweine wie den da!«

Graf Stroganoff zeigte sich nicht überzeugt. »Man kann ja widerlich sein, aber dann doch bitte mit guten Manieren.«
»Gerade die Deutschen, die gute Manieren haben, sind besonders gefährlich, liebster Graf.« Der Gardeoffizier, selber leicht deutsch verschwippt, nippte an seinem Wodkagläschen. »Aber im Kampf sind diese kosakischen Säufer unentbehrlich. Deshalb sollten wir nicht zu sehr auf sie schimpfen.«
»Aber ich bitte Sie, wir sind ein reiches Land, jedenfalls gibt es viele reiche Leute hier..«
»Und viele arme.«
»Sicherlich: aber Petersburg ist eine schöne Stadt, und auch sonst – kommen Sie doch mal auf's Land.«
»Ich gehe nie auf's Land.«

»Ich sage Ihnen, Sie versinken bis zu den Knöcheln im Dreck, im Kot, im Schlamm. Die Leute leben in unvorstellbaren Behausungen, mit dem Vieh in einem Raum – sie essen unsägliche Dinge – wie soll man da ein Zutrauen zu ihnen bekommen?«
»Vielleicht wenn's ihnen besser ginge...«
»Oder nehmen Sie die russische Küche.« Als Stroganoff

bei diesem Thema, seinem Lieblingsthema angekommen war, verdrehte der Gardeoffizier innerlich die Augen und wünschte dem Protokolloffizier alle möglichen unangenehmen Krankheiten an den Hals, weil dieser ihn neben Stroganoff plaziert hatte. »Nehmen Sie die Küche – was haben wir da zu bieten? Unsere grauenvollen Suppen ...«
Der Gardeoffizier, der Borschtsch für sein Leben gerne aß, schwieg.
»Und dann diese Pasteten, fett, schwer, unbekömmlich. Oder dieses gräßliche Fischzeug, dieser Kaviar, und diese furchtbaren Pfannkuchen dazu ...«
Jetzt unterbrach ihn der Offizier doch. »Mein lieber Graf, ich garantiere Ihnen, es wird die Zeit kommen, da wird die ganze Welt sich nach Kaviar und Blini den Hals verdrehen! Das werden gesuchte Luxusartikel sein.«
Stroganoff lachte. »Schau'n Sie, Sie wissen, daß ich pessimistisch bin, was die Zukunft der Menschheit betrifft, aber daß einmal Leute so schwachsinnig sein werden, für ein paar salzig schmeckende Fischeier so viel Geld auszugeben wie wir dummen Russen, das glaube ich denn doch nicht. – Aber ich will Ihnen eine Geschichte erzählen. Neulich hatte ich Besuch auf meinem Landgut, bei Irkutsk. Und da habe ich meinem Koch – ich habe ihn aus Frankreich mitgebracht – ein neues Rezept in Auftrag gegeben, ein Rindfleisch, klein geschnitten, schön angemacht mit diversen kleinen Sachen – und denken Sie, von der ganzen Bande, die bei mir zu Besuch war, hätte das einem gemundet? Da haben Sie die russischen Banausen!«
»Vielleicht hat es einfach nicht gut geschmeckt?« mutmaßte der Gardeoffizier, aber Stroganoff winkte gleich ab. »Es muß gut geschmeckt haben«, sagt er und packte den Offizier am Arm. »Es ist ein phantastisches Rezept. Passen Sie auf ...«
Und detailliert schilderte er sein Rindfleischrezept. Der Gardeoffizier beneidete den Kosaken, dem inzwischen vom vielen Saufen übel geworden war und der deshalb rausgebracht wurde.

Genau wie der Kaviar haben inzwischen auch die Filetspitzen Stroganoff ihren Weg durch Europas Küchen gemacht – allerdings schmecken sie überall anders und sehen auch überall anders aus.
Die Stroganoffs waren ein altes russisches Kaufherrengeschlecht, vergleichbar den Florentiner Medici, wenn auch ohne deren kulturelle und politische Ambitionen. Sie betrieben Salzgewinnung und Bergbau am Ural, und sie gehörten zu den Leuten, die im Laufe des 16. Jahrhunderts das russische Reich in Richtung Osten trieben: was der amerikanische Westen für die dortigen Pioniere war, ist Sibirien für Rußland gewesen. Die Stroganoffs waren wesentlich an der Erschließung Sibiriens beteiligt.
Die Erfindung der Filetspitzen schreibt man Graf Sergej Grigorjewitsch Stroganoff zu – die Familie war, wie in solchen Fällen üblich, geadelt worden und begann, dekadent zu werden – das beneidenswerte Schicksal alter Fürstenhäuser.

Bœuf Stroganoff

Das Rezept, in vielen Varianten durch Europa geisternd, ist in der Tat trotz des verwendeten Fleisches eher deftig.
Man schneidet das Ende eines Ochsenfilets, den Filetkopf, in kleine Würfel (nicht in dünne Scheiben oder gar, wie beim Geschnetzelten, in schmale Streifen) und brät diese Würfel kurz und scharf an. Wichtig: das Fleisch muß außen braun, innen aber saftig und blutig sein. Man nimmt die Würfel aus der Butter und brät darin ein halbes Pfund kleingehackte Zwiebeln goldgelb. Man überstäubt mit etwas Mehl, gießt mit Fleischbrühe auf und kocht auf.
Man würzt mit Essig, Zitronensaft und Salz und viel scharfem Senf. Man läßt diese scharfe Sauce einkochen und schmeckt sie ab, dann gibt man, wie könnte es bei einem russischen Gericht anders sein, ein paar Löffel saure Sahne bei. Nicht umrühren.
Diese Sauce gibt man über die warmgestellten Filetspitzen.

Da hätte ich eine Variante vorzuschlagen: Erstens kann man mit Paprika statt mit Mehl binden (Paprikapulver bindet Saucen ebenfalls). Und zweitens gebe ich keinen Essig bei, sondern Senfgurkenscheiben.

Die Birne der schönen Hortense

Die kulinarische Fama schreibt einen der berühmtesten Nachtische der schönsten Frau der Antike zu – aber in Wirklichkeit war die schönste Sängerin des zweiten französischen Kaiserreichs gemeint. Und auch Jacques Offenbach hatte bei diesem Nachtisch wohl seine Hand im Spiel.

Offenbach winkte dem Kellner, der ihm aus dem dicken, pelzgefütterten Mantel helfen wollte, ärgerlich ab. Der Wirt gab ihm ein Zeichen mit dem Kopf, zu verschwinden. »Monsieur läßt seinen Mantel stets an«, fauchte er ihm noch schnell zu. Dann war er wieder ganz Freundlichkeit und Zuvorkommenheit, als er einen tiefen Diener vor dem berühmten Gast und seiner Begleitung machte. Der Klavierspieler im Hintergrund intonierte den Marsch der Könige, eines der Erfolgsstücke des Abends, was der Komponist anerkennend vermerkte. »Ah!« sagte er, wobei sein Französisch einen starken deutschen, ja rheinischen Akzent aufwies, »ah – es ist eine Freude, eine meiner kleinen Piecen in solch kultivierter Umgebung zu hören.« Der Wirt lächelte geschmeichelt, während er seine Gäste zu ihrem Tisch führte. Offenbach zeigte auf die Gedecke. »Sie haben etwas vorbereitet?«
»Ich dachte, ein kleines Menü zu Ehren Ihres Werkes ...«
»Sehr brav.« Offenbach nickte. Die Frau in seiner Begleitung zählte die Gabeln und Messer ab. »Kein Nachtisch?« fragte sie enttäuscht. Der Wirt schmunzelte. Jedermann in Paris wußte, daß Hortense Schneider, der weibliche Star der Bühnen des Jacques Offenbach, auf Süßes geradezu versessen war. »Wir werden sehen«, meinte er nur.
Offenbach bot seiner Begleiterin einen Stuhl an und bestellte eine Flasche Champagner. »Du wirst noch aus deinem hübschen Hintern einen hübsch fetten Hintern machen, mein Kind, wenn du weiterhin so viel ißt.« Hortense lächelte. »Dann werden wir nicht mehr die schöne Helena, sondern die dicke Helena geben.«

Der Komponist probierte den Champagner und ließ zufrieden einschenken. Die beiden prosteten sich zu. Der Wirt reichte ihnen die gedruckte Menükarte. »Überraschungsdessert« stand dort am Schluß zu lesen. Offenbach überflog die Karte. »Nehmen Sie doch einen Moment Platz«, lud er den Wirt ein. »Lassen Sie sich ein Glas bringen. Ihr Menü sagt mir zu – uns zu, nicht?«
Hortense nickte.
»Der Erfolg, so hört man, war überwältigend?« fragte der Wirt.
»In der Tat. Aber es war keine Überraschung.«
Der Wirt räusperte sich. »Man – sie verzeihen hoffentlich, Monsieur Offenbach – man hörte, es seien Anspielungen in dem Stück enthalten?«
Offenbachs magere Gestalt wurde vom Lachen durchgeschüttelt. »Die Fürstin Metternich war derselben Meinung. Aber ich bitte Sie – auf wen sollte man anspielen, wenn man von einem impotenten König und seiner treulosen Gattin spricht?«
Unausgesprochen stand der Name des Kaisers der Franzosen, des dritten Napoleon, im Raum. »Denken Sie, ein französischer Patriot wie ich würde auf seine Majestät anspielen wollen?« Offenbach nahm einen Schluck. »Zumal der Herzog von Morny am Libretto mitgewirkt hat. Aus der kaiserlichen Familie. Nein, nein, mein Lieber, solche Anspielungen mögen nur Böswillige sehen.«
»Mademoiselle Schneider hat Triumphe gefeiert?«
»Wie stets, mein Lieber, wie stets. ›La Schneider‹ haben sie gerufen, schade nur, daß die Franzosen einen anständigen deutschen Namen nicht richtig aussprechen können.«
»Und du, lieber Jacques, hast mit anständigen französischen Namen Schwierigkeiten.«
»Recht so, Hortense, gib es mir nur.«
Der Wirt entschuldigte sich und erhob sich. Er hatte den ersten Gang zu bereiten. Hortense stieß Offenbach an. »Du solltest vorsichtig sein mit deinen Äußerungen über die Franzosen. Das ist nicht gelitten in Paris.«
»Ganz Paris sagt, das Kaiserreich sei eine einzige Operette von mir. Warum sollte ich vorsichtig sein?«
»Du bist Deutscher.«
»Ich bin französischer Staatsbürger – und getaufter Christ. Schon lange.«
»Wenn es Krieg gibt zwischen Deutschland und Frank-

reich, wird man sagen, du seist Deutscher.«
»Sicher – und in Deutschland, ich sei einer, der sein Vaterland verraten habe. Damit muß ich leben – und leben kann ich nur hier, in Paris.«
Die Austern wurden serviert. Hortense Schneider winkte den Wirt zu sich heran. »Der Nachtisch«, fragte sie, »was verbirgt sich hinter der Überraschung?«
Der Wirt zögerte. Offenbach zwinkerte ihn durch sein Pince-nez (Kneifer) an. »Eine Birne«, bekannte er dann, »in besonderer Zubereitung. Ich wollte sie Birne Hortense nennen, wenn Sie belieben.«
»Ein besserer Name!« rief Offenbach. »Es ist die Birne der schönen Helena – also Birne schöne Helena – was sagen Sie dazu?«
Hortense ließ sich überzeugen. »Man wird«, meinte sie, »hoffentlich diese Birne solange essen, wie man deine Operetten spielen wird, mein lieber Jacques.«
»Und das wird hoffentlich noch recht lange sein.« Die beiden prosteten sich zu und begannen, ihre Austern zu schlürfen.

Jacques Offenbach (1819–1880) wurde in Köln als Sohn des Synagogenkantors Isaac Eberst aus Offenbach geboren. Der kleine Jacob (Köbesche geheißen) erhielt schon früh eine musikalische Ausbildung als Cellist. Da er sich als außerordentlich begabt erwies, wurde er als erster Ausländer vom Pariser Konservatorium aufgenommen. Er schlug sich als Orchestermusiker und dann als Komponist von Salonmusik mehr schlecht als recht durch, ehe er 1855 für die Pariser Weltausstellung ein Theaterchen erwarb, eine »Bonbonschachtel«, die »Bouffes Parisiens«. Von diesem Tag an war er ein gemachter Mann, der König der Operette. Er gab dem zweiten Kaiserreich die Musik, der Operettenstaat Napoleons III. wurde durch ihn wie durch keinen anderen repräsentiert. Aber seine Musik hat ihren Witz und ihre Frische auch über den Untergang dieses Reiches hinaus bewahrt – und nicht nur seine großen Operetten, »Die schöne Helena«, »Orpheus in der Unterwelt«, »Pariser Leben«, »Die Großherzogin von Gerolstein«, »La Périchole«, sondern auch seine unzähligen skeptischen, spöttischen und ironischen Einakter. Kurz vor seinem Tode beendete er noch die Skizzen für seine einzige Oper, »Hoffmanns Erzählungen«, ein fast romantisches, aber auch ständig operettenhaft-ironisch gebrochenes phantastisches Werk. Hortense Schneider, eine rothaarige Schönheit deutscher Abstammung, hat in vielen seiner 102 Bühnenwerke die Hauptrolle gespielt – sie war die umschwärmte Diva, die Freundin zahlreicher Persönlichkeiten, die zu den Weltausstellungen nach Paris kamen – 1867 sagte man ihr eine wilde Liaison mit dem Prinzen von Wales nach. Ihr Verhältnis zu Offenbach ist nie ganz geklärt worden. Auf jeden Fall war sie die geeignete Person für einen solchen Nachtisch – süß, aber gefährlich.

Birne Helene

Gefährlich ist die »Poire Belle Hélène« vor allem für den Koch. Denn das Problem ist, heiße Schokoladensauce mit Eis zusammenzubringen. ohne daß das Eis sofort zerläuft und die Schokolade sofort erkaltet. Man kocht pro Person eine Birne in Vanillesirup (etwas Weißwein mit Vanillezucker), halbiert sie und entfernt das Gehäuse. Man gibt etwas Vanilleeis in eine Dessertschale, stülpt die beiden Birnenhälften drüber und übergießt mit heißer Schokoladensauce. Für die Sauce zerläßt man am besten zartbittere Schokolade in etwas Café und gibt ein wenig Butter dazu, damit die flüssige Schokolade auch flüssig bleibt – wie man auch bei einer Mousse au chocolat verfährt. Die klassische Garnitur für die Birne Helene sind kandierte Veilchenblüten – wir haben uns angewöhnt, ein wenig Schlagsahne drüberzugeben. Aber das macht diesen Nachtisch eigentlich unnötig schwer.

Die Schokoladensauce für die »Birne Helene« sollte man mit Ingwer und Honig würzen – Birnen aus der Dose darf man auf keinen Fall nehmen.

Der Prinz und die Näherin

Eins ist sicher: Einer der berühmtesten Nachtische der Welt wurde im Pariser Luxusrestaurant »Maxims« für den Prince of Wales, den späteren König Edward VII. zum ersten Mal bei Tisch flambiert. Ob das kleine Mädchen, mit dem der reiche Herr diesen Abend verbrachte, allerdings Suzette hieß – darüber streiten sich die Küchengelehrten.

Bei »Maxims« hat der Türhüter eine ganz besonders wichtige Aufgabe. Nicht jeder darf diesen Tempel der gastronomischen Freuden und der prallgefüllten Brieftaschen (heute vielleicht eher: der Kreditkarten) betreten. Nach einer gründlichen Prüfung erst läßt der Cerberus den einen hinein, während er dem anderen ein »Bedaure, wir sind complet!« entgegenschleudert – das »Verdammt!« dieses jüngsten Richters. Nach welchen Kriterien er seine Urteile spricht, wie die Texte seiner Gesetzbücher lauten, das ist nie ergründet worden. Prominent muß man sein und reich, aber das allein genügt oft nicht.

Der Gast, der zu jener späten Stunde, über die wir jetzt zu reden haben, das Lokal betrat, war allerdings über jeden Verdacht erhaben, nicht in den rot-goldenen Prunksaal zu passen. Im Gegenteil, der Türhüter legte seine eisige Miene ab und dienerte ungewöhnlich tief – dafür war dann auch das Trinkgeld ungewöhnlich hoch. Der Oberkellner selber, vornehmer als die meisten seiner Gäste geleitete den mittelalterlichen, schon etwas dicklichen Herrn und seine Begleiterin an den Tisch, der für die beiden reserviert war. Die Begleiterin, so schien es einigen Gästen, mochte allerdings so recht nicht zu »Maxim's« passen, aber bei besonders feinen Herren machte man wohl eine Ausnahme und drückte sämtliche verfügbaren Augen zu. Auch wenn das Kleid zu farblos und die Schminke zu aufdringlich waren.

»Wer ist das?« fragte einer der Gäste den vorbeihuschenden Oberkellner.

»Inkognito«, flüsterte der vorbeihuschende Oberkellner zurück. Der Gast nickte. »Ein hohes Haus«, sagte er zu

seiner Tischdame. »Inkognito.«
»Kein Wunder – bei dem Mädchen ...« Geringschätzig musterte die Tischdame die blonde Straßenschönheit, die den »inkognito«-Herrn begleitete.
Der Oberkellner scheuchte inzwischen seine Untergebenen auf. Wie ein Bienenschwarm umlagerten sie den Tisch, um auf den winzigsten Wink herbeigeschossen zu kommen. Alle Köstlichkeiten der Küche des Luxusrestaurants wurden vor den beiden ausgebreitet: fette Austern aus der Bretagne, ein rosa schimmernder Hummer, umgeben von kleinen Häufchen aus feinstem Kaviar, ein weißer Fisch mit einer gelblichen leichten Sauce aus Weißwein und Butter, dazu Blätterteiggebäck, eine Ente, deren Reste in einer silbernen Presse am Tisch ausgepreßt wurden, ihr frisches Blut wurde für eine delikate Sauce verwendet, schließlich brachten die Kellner ein gewaltiges Tablett der verschiedensten Käse an den Tisch. Mit Kennermiene wählte der Herr für sich und seine Begleiterin. Das Mädchen aß fast verstohlen, sie schien sich nicht sehr wohl zu fühlen, sprach auch kaum etwas, während der Herr, der große Mengen in sich hineinschlang, ständig auf sie einredete.
»Wer ist das, um Himmelswillen, daß wir so ein Theater um ihn machen?« frug der Kellner, der das Käsebesteck holte.
»Keine Ahnung.«
»Pst!« fuhr sie der Oberkellner an. »Keinen Mucks. Das ist der Prince of Wales. Er will offiziell nicht erkannt werden.«
»Und das Mädchen?«
Der Oberkellner zuckte mit den Achseln. »Irgendeine Lorette, oder eine kleine Näherin. Für heute. Mehr nicht.« Er entschwand mit dem Besteck. Der erste Kellner wurde rot. »Die feinen Herrn. Da zahlen Sie ein Souper, ein Klacks für sie, und dann haben sie so ein Mädchen. Man möchte ausspucken.« Der andere hielt ihn am Ärmel fest. »Sei ruhig, Gaston – solche Neigungen schätzt man hier nicht.« – »Ich weiß. Es ist trotzdem eine Schweinerei.«
Der Prince of Wales fühlte sich hingegen sichtlich sehr wohl. Er hatte gut und viel gegessen, er hatte gut und viel getrunken, der Abend hatte ausgezeichnet begonnen und würde, wenn er das Mädchen richtig einschätzte, auch ausgezeichnet enden. Er hatte sich nicht lumpen lassen, jetzt war es an ihr, sich zu revanchieren. Behaglich strich

er das letzte Stückchen Munster auf das letzte Stückchen Weißbrot und spülte mit einem Schluck Gevrey-Chambertin nach. Er ließ sich nie lumpen. Er hielt sich für einen anständigen Kerl. »Und nun, meine Kleine...« begann er, aber das Mädchen unterbrach ihn.

»Entschuldigung«, frug sie mit ihrer Kinderstimme. »Entschuldigung, aber...«

»Ja?«

»Gibt es keinen Nachtisch?«

Dröhnend lachte der Prince of Wales. Seit er Oliver Twist gelesen hatte, hatte er nicht mehr so lachen müssen. »Ein Nachtisch, mein Schatz?« er winkte dem Oberkellner. »Aber sicher. Wenn du noch was verdrücken kannst!« Er selber glaubte, keinen Bissen mehr herunterbringen zu können.

»Ich mag Nachtische«, sagte das Mädchen. »Ich bekomme nie welche.« Der Oberkellner verbeugte sich und betete eine ganze Litanei herunter.

Das Mädchen schüttelte den Kopf. »Ich will Pfannkuchen«, sagte sie. »Ich will Pfannkuchen. Mit Marmelade.«

Dem Oberkellner verschlug es ein wenig die Sprache. Er schnappte nach Luft und sagte würdevoll: »Dies ist Maxim's. Hier gibt es keine Pfannkuchen.«

Das kleine Mädchen war traurig. Der Prince of Wales war gerührt. »Wenn das Maxim's ist«, sagte er zu dem Oberkellner, »dann sollte Maxim's aber in der Lage sein, Pfannkuchen für meine Begleiterin zu backen, oder?«

»Ich werde sehen, was sich machen läßt.« Der Oberkellner verschwand Richtung Küche. Das Vorurteil gegenüber Engländern, das auf langer und gründlicher Erfahrung basierte, verstärkte sich in seinem Innern. Er beriet sich mit dem Koch und kehrte dann wieder. »Der Maître ist bereit, eine Crêpes-Komposition für diesen Tag zu schaffen«, verkündete er. »Ich hoffe, Madame sind damit zufrieden.« Er betonte das Wort »Madame« ganz besonders. Der Prince of Wales verstand nicht. Das Mädchen verstand sehr wohl. Wenn man kein Geld hat, wird man empfindlich für Nuancen. Aber sie nickte. Jawohl, sie würde die Crêpes-Komposition verspeisen. Wenn sie schon einmal bei Maxim's war, dann wollte sie alles haben.

»Wie heißt die Komposition?« wollte der neugierige Prince of Wales wissen.

»Sie hat keinen Namen.«

Er wandte sich an das Mädchen. »Wie heißt du, mein Kind?«
»Suzette.«
»Dann wollen wir sie nach dir nennen, meine Liebe. Ober, servieren Sie bitte die ›Crêpes Suzette‹. Und eine Flasche Champagner.«

Die Crêpes Suzette sind tatsächlich eine Création des Feinschmeckerlokals Maxim's, das seinen Ruf, seine Exklusivität und seine traumhafte Einrichtung des fin de siècle bis in unsere Tage gerettet hat. Mit der Küche hapert es dagegen ein wenig: Maxim's ist teuer und exklusiv, der Cerberus steht immer noch Wache, aber die Küche ist vergleichsweise enttäuschend. Man ißt besser in Paris, aber nirgendwo so stilvoll. Wer ein Wocheneinkommen übrig hat, kann sich dort einen lustigen Abend gönnen.
Auch der Prince of Wales, der spätere König Edward VII., war an der Schöpfung der Crêpes Suzette beteiligt. Der arme Prinz war ein ziemlich alter Prinz, als Königin Victoria endlich den Weg zum Thron freigab – er war mit 60 Jahren bereits ein alter Mann, als er König wurde. Sein Leben als Kronprinz hat er genossen, und auch später wurde seine Epoche fast sprichwörtlich. Zu seinen berühmtesten Geliebten gehört die Sängerin Lilly Langtree, die selbst im Wilden Westen dem Richter Roy Bean (dem Kneipenwirt, der sich anmaßte, »the law west of Pecos« zu sein) den Kopf verdrehte.
Die kleine Näherin Suzette allerdings scheint mir eine hübsche Legende zu sein. Näherinnen, auch »Loretten« genannt (ihr Standquartier war die Kirche Notre Dame de Lorette), gab es im Leben des Prinzen von Wales genug. Es mag auch eine Suzette dabeigewesen sein. Wollen wir es glauben.

Ich mache den Crêpes-Teig ein wenig anders – ich gebe noch zwei Eßlöffel zerlassene Butter bei, das gibt beim Backen auf der einen Seite der Crêpes (und nur dort) ein hübsches Muster mit schwarzen Punkten. Allerdings muß man den Teig wirklich fein dünnflüssig rühren und schlagen. Außerdem gebe ich dem Orangensaft hauchdünn geschnittene Orangenschalenstückchen bei, um den Geschmack zu verfeinern. Das Öl dieser Schalen läßt die Sauce zudem leicht gelieren.

Crêpes Suzette

Die Crêpes Suzette waren ursprünglich wirkliche kleine Pfannkuchen, die mit einer Art Marmelade bestrichen wurden, nämlich mit Orangenbutter: einer Mischung aus schaumig gerührter Butter und Puderzucker, mit etwas Saft und Schale einer Orange vermischt. Das Ganze wurde dann mit Curaçao oder Grand Marnier flambiert.

Heute gibt es viele Varianten dieses Rezeptes – ich habe noch in fast keinen zwei Restaurants Crêpes Suzette auf gleiche Art gegessen. Wichtig an ihnen ist nur, daß sie wirklich am Tisch flambiert werden. Flambieren ist an sich ein grober Unfug, es gehört in die Küche und nicht ins Restaurant, aber hier muß es sein.

Wichtig ist auch, daß die Crêpes hauchdünn sind. Es gibt eigene Pfannen dafür, worin man sie bäckt; die Anschaffung lohnt sich. Der Grundteig geht so: 100 Gramm Mehl, ¼ l Milch, zwei Eier, etwas Zucker und etwas Salz werden zu einem dünnflüssigen Teig verrührt, man läßt ihn etwas quellen und brät in Butter die kleinen Pfannkuchen aus.

Crêpes (ursprünglich »la galette crêpe« = der gekräuselte Kuchen) gibt es in der Bretagne schon seit dem 12., 13. Jahrhundert. Sie wurden dort zum Ehe-Orakel benutzt – die Braut buk am Hochzeitstag einen solchen Pfannkuchen und warf ihn in die Luft – fing sie ihn wieder auf mit ihrer Pfanne, wurde die Ehe glücklich. Zumindest haben die bretonischen Bräute dabei das Crêpes-Backen gelernt.

Meine Crêpes Suzette-Variante geht so: Ich karamelisiere etwas Zucker in der Pfanne, dünn über den Boden verteilt, gebe etwas Butter hinzu und lösche mit frischem Orangensaft ab. Wenn der karamelisierte Zucker sich aufgelöst hat, gebe ich die Crêpes, zu Vierteln zusammengelegt, hinein, köchle sie kurz durch, gebe viel Grand Marnier hinzu und zünde an. Schnell mit etwas Sauce servieren.

Bei »Savini«, Mailands feinstem Restaurant, gibt man beim Köcheln etwas Zimtstange hinzu – eine interessante Geschmacksvariante. Aber, wie gesagt: an Varianten fehlt es bei diesem Gericht wahrlich nicht.

Mehlspeis' für einen alten Herrn

Der Beamtenkaiser Franz Joseph soll Pate bei der österreichischsten aller österreichischen Mehlspeisen gestanden haben. Weil man ihm einen solchen Schmarrn vorsetzte und er ja der Kaiser war, wurde aus dem Schmarrn ein Kaiserschmarrn.

Fürstliche Herren auf Jagd, die sich verlaufen und von einfachen, aber braven Untertanen gerettet werden, gibt es genug. Solche Geschichten sind billige Münze: man macht eine Legende draus oder gar einen Jodler, man erzählt sich beim Tarocken über den »Kini« (Ludwig II.), der bei Förster-Kirchgängen plötzlich in der ersten Reihe saß oder über den Erzherzog Johann, der auf hoher Felsenwand seinen Jodler erfand oder vom Kaiser Maximilian, den ein Engel von derselben Felsenwand holte. Oder vom österreichischen Kaiser Joseph, dem Reformkaiser, der auch immer bei armen Leuten auftauchte, am Schluß seinen dunklen Mantel öffnete, die Uniform drunter hatte und alle sagten: »Jessas, der Kaiser!« – und das Stück war zu Ende.

Auch über Kaiser Franz Joseph von Österreich, den vorletzten Habsburg-Lothringischen Kaiser, gibt es solche Geschichten. Und da alles, was der alte Herr berührte, mit dem Attribut »Kaiser-« versehen wurde (sagte er beim Probieren eines Weines, dies sei ein guter Wein, wurde der Wein in »Kaiserwein« umbenannt; war beim Manöver schönes Wetter und er vermerkte dieses, herrschte »Kaiserwetter«, bekam selbst ein Schmarrn diesen ehrenden Beinamen. Und alles passierte angeblich so:

Es war einmal eine arme Häuslerfrau. Sie hatte zum Sterben zuviel und zum Leben zuwenig. Ihre beiden Söhne waren gefallen, als die Kroaten des Ban Jelusič die 48er Revolution in Wien niederkämpften, im Auftrag des jungen Kaisers Franz Joseph, der mit dem »revolutionären Gesindel« aufräumen wollte und dies auch tat. Mit dem Ergebnis, daß erst Österreich und dann Österreich-Ungarn in eine tödliche Erstarrung verfiel. Der Mann der armen Häuslerin war auch schon lange tot – Arbeit und Erschöpfung hatten ihn unter die Erde gebracht.

Dennoch liebte die einfache brave Frau ihren Landesherrn, wie es sich gehörte. Der »gute alte Herr« war damals noch der »gute junge Herr«, aber sie verehrte ihn. Und so erschrak sie nicht schlecht, als eines Tages, es war gegen Abend und schon dunkel, jemand an ihre Türe klopfte.

Sie fragte nach dem Begehr. »Ich habe mich verlaufen«, klang eine Stimme von draußen. »Ich find nimmer aus dem Wald. Beim Jagen ist's passiert.«

Die gute Frau öffnete. In der Tür stand ein eher magerer junger Mann, gerade gewachsen, groß, mit schon leicht schütterem Haar, einem blonden Backenbart und merkwürdig leeren, aber doch irgendwie beeindruckenden Augen. Er trug einen Lodenmantel und knielange Lederhosen. In der Hand hielt er eine Jagdflinte. »Ich bin vom Wege abgekommen, als ich einen Hirsch verfolgte. Mein Gefol ... meine Begleitung ist, ich weiß nicht wo. Könnt Ihr mir den Weg zeigen?«

Der Fremde kam der braven Frau irgendwie bekannt vor, aber sie wußte nicht, woher. Sie bat ihn deshalb herein.

Er setzte sich.

»Kann ich etwas für Euch tun?« fragte sie.

»Ein Glas klares Wasser«, verlangte der Fremde. Sie eilte zum Brunnen und füllte den einzigen Krug, den sie besaß. Gierig trank der Fremde das edle Naß.

»Ihr werdet heut' nimmer aus dem Walde finden«, sagte sie zu ihm. »Am besten wär's, Ihr bleibt über Nacht hier. Morgen findet sich's dann schon.«

»Man wird mich vermissen, nach mir suchen!«

»Es ist gefährlich nachts!«

»Ich fürchte nichts!«

Sie beschrieb ihm den Weg so, daß er ihn eigentlich nicht verfehlen konnte. »Ihr seht hungrig aus«, sprach sie zu ihm.

»Ei freilich, gegessen habe ich den ganzen Tag nichts.«

»So will ich Euch was zu essen bereiten!« Sie trat an ihren Herd und schlug die einzigen drei Eier, die sie besaß (sie sollten eine Woche halten), mit Milch und Mehl zusammen, um dem Fremden eine Omelette zu machen. Das Fett brutzelte lustig, als sie die Masse in die Pfanne gab. Sie nahm die einzige Gabel, die sie besaß, um die Omelette umzuwenden – da fiel ihr ein, wo sie das Bild ihres Besuchers schon einmal gesehen hatte: auf dem Jahrmarkt hatte man ihr einmal die Bilder des Herrscherpaares gezeigt. Ganz wie sich's gehörte, stammelte sie: »Jessas – der Kaiser!« Und dabei verrutschte ihre Gabel, und die Omelette zerfledderte. Unter devotesten Entschuldigungen und patriotischen Bezeugungen schob sie ihrem höchsten Gast den Teller mit der zerfetzten Omelette hin.

Der Kaiser blickte mißmutig auf die Eierspeise und grummelte in seinen Backenbart: »So ein Schmarrn!«

So ähnlich – das ist nicht übertrieben! – wurde die patriotische Legende von Kaiser Franz Joseph und dem Schmarrn erzählt. Patriotische Legenden um den »alten Herrn« waren immer im Schwange, während seiner ganzen geradezu endlosen Regierungszeit (1848–1916). Aber so beliebt, wie Operetten und Legendenbücher uns das heute weismachen wollen, war Franz Joseph zumindest bis zum Tode seiner Frau nicht. Die Attentate und die Angst, die er hatte, sich in der Öffentlichkeit zu zeigen, beweisen das. Und mit Grund. Die blutige Niederschlagung der 48er Revolution hatte man ihm lange nicht vergessen. Erst als das Unglück nicht nur über seinen Staat knüppeldick hereinbrach (Österreich-Ungarn verlor so ziemlich alle Kriege, an denen es teilnahm), als seine Frau ermordet wurde, sich der Thronfolger, sein Sohn Rudolf, in Mayerling erschoß, da regte sich in der Bevölkerung mehr Mitleid mit ihm. Er selber war eine kalte Beamtennatur: ein gründlicher Verwalter des Untergangs, aktenkundig, fleißig, uninspiriert. Um so sicherer kann man sein, daß die Legende vom verirrten Jäger eine Legende ist.

Wahrscheinlicher klingt da die zweite Geschichte, die man sich über die Entstehung des Kaiserschmarrn erzählt: man habe ihn 1854 zur Verehelichung des Kaisers der »Sissy«, der schönen jungen Frau, von seiten der Wiener Mehlspeis-Köche gewidmet. Aber da die junge Frau, in krankhafter Sorge um ihre schlanke Linie, Mehlspeisen nicht mochte, wurde der »Kaiserinnenschmarrn« zum »Kaiserschmarrn« umgetauft. Franz Joseph nämlich aß Mehlspeisen für sein Leben gern.
Aber auch diese Geschichte ist wohl eine Legende: der Kaiserschmarrn dürfte viel älter sein; es ist wahrscheinlich, daß es sich um einen »Kaser-Schmarrn« gehandelt hat – die Kaser, die Sennen, die Käsezubereiter, das waren wohl eher Leute, denen diese kräftige und sehr süße Speise behagte. Aber ein »Kaiserschmarrn« läßt sich nicht nur den Touristen, sondern wohl auch den Patrioten besser verkaufen.

Man kann den Kaiserschmarrn auch vor dem Überbacken überzuckern. Das gibt dann eine leichte Glasur, die der süßen Mehlspeise sehr gut ansteht.

Kaiserschmarrn

Der Kaiserschmarrn ist ein Hauptgericht, und er ist wirklich sehr süß. Ich empfehle Vorsicht für Leute, die so etwas nicht ausgesprochen mögen – lassen Sie lieber die Finger davon. Dem Mehlspeisenfanatiker allerdings ist er kaum zu ersetzen (höchstens durch Marillenknödel, aber das ist eine Weltanschauungsfrage).
Vier Eigelb werden mit 40 Gramm Zucker schaumig gerührt, nach und nach gibt man abwechselnd Mehl (insgesamt 125 Gramm) und Milch (insgesamt ¼ l) dazu, schlägt schön weiter, würzt mit einer Prise Salz. 100 Gramm Rosinen (vorher einweichen) werden beigegeben, und dann die steif geschlagenen Eiweiße der vier Eier. Diese Masse bäckt man in viel Butter goldbraun, zerreißt sie in der Pfanne mit der Gabel und bäckt nochmal kurz über.
Mit viel Zucker bestreuen (nicht mit Puderzucker, sondern Kristallzucker) und heiß reichen – gesondert dazu Kompott. Preißelbeerkompott oder Powidel (Pflaumenmus) eignen sich am besten, aber es darf durchaus auch Apfelkompott sein (dann wird alles nicht so süß).
Im Zuge der weltweiten Angleichung auch alter einheimischer Rezepte wird oft inzwischen auch in Österreich Schokoladensauce dazugegeben. Das ist Unfug und schmeckt nicht.
Ich esse Kaiserschmarrn ausschließlich mit Johannisbeerkompott.

Pfirsiche für die Dame

Der berühmteste Koch der Neuzeit schuf für die berühmteste australische Sängerin das berühmteste Pfirsich-Dessert. Am Ende einer bewegenden »Lohengrin«-Vorstellung in Covent-Garden stand ein Pfirsich im »Savoy«.

Die letzten Takte von Richard Wagners »Lohengrin« verklangen. Eine Sekunde herrschte absolute Ruhe. Dann begannen die Londoner Opernbesucher zu toben. Es gibt Abende in einer Oper, an denen alles stimmt: an denen sich die Sänger gegenseitig zu Höchstleistungen antreiben, an denen Dirigent und Orchester sich befeuern, an denen selbst mäßige Regieleistungen mit Leben erfüllt werden. Das war ein solcher Abend, und seine Königin war Nelly Melba – Dame Nelly Melba genauer, geadelte australische Sopranistin, die Elsa dieser Vorstellung, umjubelter Mittelpunkt der Publikumsgunst der königlichen Oper.

Der Regisseur, ein mittelalterlicher Herr mit leichtem Fettansatz, trieb seine Sänger immer wieder hinaus. Eine Garderobiere versuchte, die erhitzte Miss Melba in einen Mantel zu hüllen, er riß ihn herunter. »Was soll das? Elsa im Paletot? – Raus mit euch, Kinder, raus, los, los!« Noch befanden sich die Sänger in der Hochstimmung, die erst abklingen würde, nachdem der letzte Besucher das Haus verlassen hatte. Auch die Bühnenarbeiter, soweit sie nicht mit dem Abbau der Szenerie beschäftigt waren, beteiligten sich am heftigen Applaus. Leute aus der Direktion standen herum, so daß der hochgewachsene Herr im korrekten Smoking zunächst niemandem auffiel, obwohl er sichtlich nicht zum Personal des Theaters gehörte.

Beifallumrauscht kamen die Sänger wieder von der Bühne zurück. Der Tenor, ein kleiner dicker Österreicher, drehte sich suchend um. »Es zieht«, verkündete er angstvoll, »es zieht!« Der Regisseur würdigte ihn keiner Antwort. »Ein Schal!«

»Los, verbeugen Sie sich alleine!« riet ihm der Regisseur. Der Tenor strahlte, die Zugluft war vergessen. »Tenöre

sind keine Stimmlage, sondern ein Defekt«, stellte Nelly Melba fest. Der Regisseur hetzte sie auch wieder auf die Bühne.
»Sie schwitzt«, wagte die Garderobiere einzuwenden. »Ihre Bronchien sind empfindlich. Sie muß einen Mantel anziehen.«
Der Regisseur drehte sich um, da wurde er des Fremden gewahr. »Wer sind Sie?«
»Mein Name ist ...«
»Sie gehören nicht hierher?«
»Nein. Ich bin ...«
»Interessiert mich nicht. Verschwinden Sie. Wie kommen Sie überhaupt hierher?«
»Ich suchte Miss Melbas Garderobe, und da wies man mich hierher.«
»Das ist die Bühne.«
»Das sehe ich.«
»Sind Sie Sänger? Nein. Bühnenarbeiter? Nein. Also haben Sie hier nichts zu suchen. Raus mit Ihnen.«
»Aber ...« Im selben Moment kamen die Sänger wieder. Der Fremde trat auf die Sopranistin zu. »Miss Melba ...«
»Ach – Mr. Escoffier! Was machen Sie denn hier?« Nelly Melba ließ sich ihren Mantel umhängen. »Er soll verschwinden!« rief der Regisseur.
»Aber das ist Mr. Escoffier ...«
»Wer immer er sein mag, er hat hier nichts zu suchen.«
»Ich habe ein kleines Menü für Sie alle vorbereitet«, sagte Escoffier und ließ sich weiter nicht beirren. »Für diesen ›Lohengrin‹. Er war superb. Sie waren superb, Miss Melba.« Er küßte ihr galant die Hand. »Sie waren auch großartig.« Der Tenor strahlte.
»Nochmal raus, ein letztes Mal, und dann soll die Bande nachhausegehen!« Miss Melba gab der Garderobiere ihren Mantel. »Und Sie laden uns ein?« frug der Regisseur mißtrauisch.
»Ich betreibe das Restaurant im ›Savoy‹. Es ist mir eine Ehre, Sie bei mir zu Gast zu wissen.«
Der Regisseur hatte irgendwo einmal gelesen, daß das ›Savoy‹ das beste Restaurant dieser an kulinarischen Köstlichkeiten nicht gerade reichen Stadt sei. Ein furchtbarer Verdacht drängte sich ihm auf. »Französische Küche?«
»Ich bin Franzose.«
»Also Froschschenkel, rohes Fleisch und solche Sachen?

Knoblauch, Schnecken und warmer Rotwein?« Der Regisseur schüttelte sich vor Schrecken. Nelly Melba tätschelte ihm die Hand. »Es wird halb so wild, mein Bester.« Sie lächelte Escoffier zu. »Wir ziehen uns nur noch um, dann kommen wir.« Sie nahm ihren Mantel und hastete die stählerne Treppe hinunter, die zu den Garderoben führte. »Ich habe«, versuchte Escoffier ihr noch nachzurufen, »Ich habe einen Nachtisch ausprobiert, für Sie – er wird heute zum ersten Mal serviert!«
Der Tenor hatte ihn noch gehört. Er nahm seinen Helm ab und verzog sein Gesicht. »Nachtisch!« sagte er verzückt. »Ich liebe Nachtische. Ist es eine Mehlspeise?«
»Nein. Ein Pfirsich.«
»Oh. Aber ist wenigstens Sahne dabei?«
»Eigentlich nicht.«
»Wie schade. Ich liebe Sahne. Aber macht nichts. Man kann nicht alles haben. Bis gleich!« Er verschwand. Der Regisseur blieb neben Escoffier stehen. »Und Sie haben wirklich keine Schnecken?«

Georges Auguste Escoffier (1846–1935) ist der Vater der modernen Kochkunst. Die Propheten der sogenannten »nouvelle cuisine« können sich im Grunde alle auf ihn berufen (und tun das auch). Sein Credo war Natürlichkeit. Soviel wie möglich naturbelassene Speisen verwenden, ihren Geschmack nicht durch allzuviele Zutaten verändern, keine Übertreibungen beim Servieren. Gediegenheit und erstklassige Zutaten, das gehörte zu einem guten Essen. Er hatte reichlich Gelegenheit, diese Ansichten in die Tat umzusetzen. 1870/71 war er der Kü-

chenchef des französischen Generals MacMahon, später arbeitete er gemeinsam mit seinem Freund César Ritz (1850–1918) in dessen Hoteldynastie. Der Schweizer Ritz nahm ihn auch mit nach London, wo Escoffier im »Savoy« und später im »Carlton« kochte. Sein »Pfirsich Melba«-Rezept geht tatsächlich auf eine »Lohengrin«-Vorstellung in der Covent Garden Opera zurück. Er war so begeistert von der Darstellerin der Elsa, daß er ihr diesen Nachtisch widmete.
Helen Porter Mitchell (1861–1931) stammte aus Melbourne in Australien, und in Anlehnung an diese Stadt nannte sie sich mit ihrem Künstlernamen Nelly Melba. Um die Jahrhundertwende war sie die ungekrönte Königin der Londoner Oper und eine der weltberühmten Sopranistinnen. Sie wurde geadelt, und Dame Nelly Melba dürfte auch heute noch zu den großen Sängerinnen dieses Jahrhunderts gezählt werden. So unangefochten wie sie beherrschte erst in den letzten Jahren wieder eine Sängerin die Londoner Musikszene: ihre Landsmännin Dame Joan Sutherland. Einzelne Plattenaufnahmen aus ihren letzten Jahren zeigen ihre hohe Gesangskultur auch heute noch – wenn sich auch der Stil etwas geändert hat. Nelly Melba war auf »ihren« Pfirsich besonders stolz. Die gastfreundliche alte Dame beendete jedes Gastmahl, das sie in ihren letzten Jahren gab, mit ihrem Rezept. Escoffier, der einer ihrer großen Bewunderer war, nannte auch noch eine Würzsauce nach ihr, taufte die aber, als sie in den Handel kam, dann doch lieber in »Escoffier-Sauce« um. Die Sauce ist heute zu Recht vergessen. Die Dame und ihr Pfirsich nicht.

Es würde mich interessieren, wie Alfred Marquart einen gekochten Pfirsich schält – das geht nämlich nicht. Man muß den Pfirsich vorher schälen (man überbrüht mit heißem Wasser, wie bei Tomaten), und man sollte ihn nicht kochen, sondern lediglich pochieren. Außerdem: am besten eignen sich dazu weiße Pfirsiche.

Pfirsich Melba

Das Rezept ist ebenso einfach wie wohlschmeckend. Es erfüllt aufs beste die Vorstellungen Escoffiers von natürlichen, im Geschmack weitgehend belassenen Zutaten. Pro Person wird ein ganzer Pfirsich in Zuckersirup gekocht. Der Pfirsich wird geschält, halbiert und entsteint.
Man gibt Vanilleeis in eine Dessertschale, darauf wird, mit der Wölbung nach oben, der Pfirsich gelegt. Darüber kommen etwas pürierte Himbeeren. Wenn man will, mit einem kleinen Klecks Sahne garnieren. Die Sahne kann mit Pistazien bestreut werden. Mir wäre das allerdings schon zu viel.

Eine kalte Bombe

Fürst Pückler würde sich im Grabe umdrehen, wenn er heute »sein« Eis zu sehen und zu essen bekäme. Wie viele berühmte Gerichte ist es durch die Industrie zur Unkenntlichkeit entstellt worden. Es lohnt, es selber nachzumachen – auf des Fürsten Art.

»Sajensemal, Bester«, wandte sich August Graf von Retzlow an seinen Begleiter, einen eher zugeknöpft wirkenden Herrn in preußischer Montur. Graf von Retzlow zwirbelte seinen Schnurrbart und legte seine Schmisse in Falten. »Sajensemal, mein Bester, nu habense meine Rosen jesehen – wie jefallen Ihnen die Burschen?«

»Wissense«, erwiderte sein Gesprächspartner nicht weniger schneidig und bog einen Zweig beiseite, »wissense, nich schlecht das alles, aber noch nich erster Stall. Brauchen noch Pflege.«

»Ach ne?« Graf von Retzlow blieb stehen. »Einzelheiten, mein Bester, Einzelheiten – habe ja nich umsonst weltberühmten Jartenschriftsteller aufs eijene Schloß jeladen, wie? Speis und Trank müssen ja nun abjearbeitet werden, nich?« Er lachte meckernd. »Lassense mal hören, Fürst Pückler!«

Der Fürst, auch nicht mehr der jüngste, aber noch gerade in der Haltung, begann zu dozieren. Wer preußische Umgangsformen nicht gewöhnt war, mußte sich wundern darüber, wie man ein so friedliches Thema wie Rosenzucht derart militärisch behandeln konnte. Aber aus den markigsten Worten des Fürsten sprach seine große Liebe zu den Pflanzen. Graf von Retzlow staunte.

»Ne, sowat! Daß det so kompliziert is – ne, ick jlobe fast, det is keen Steckenpferd für mir!« berlinerte er. »Det is wat für eenen Fachmann! Oder?«

Der Fürst lächelte. »Ick war ooch keener, bin es och erst jeworden, als ich mich länger damit beschäftigt habe. Wissense, Retzlow, man muß det spüren, in den Fingern haben, den jrünen Daumen jewissermaßen. Ohne so wat jeht et nich.« Und er verlor sich wieder in weitschweifi-

gen Erläuterungen, während die beiden Herren durch den gepflegten Park weitergingen.
»Wissense«, fuhr er fort, »früher war ick och so, Preuße und nischt sonst, aber dann hab ich eben die Welt kennenjelernt, auch det eine oder andere Buch jeschrieben, naja, und denn kam der Jarten – also, da ändert sich och der Preuße.«
»Kann ick mir nich vorstellen. So wat wie Preußen jibts doch nich nochmal.«
Fürst Pückler kicherte. »Ick kenne Länder, wo man ein lautes ›Jottseidank‹ drauf sagen würde. Preußen is ja janz schön und jut, aber es jibt och noch wat anderes.«
Die beiden ließen sich auf bequemen Korbstühlen nieder. Ein Diener brachte Bier und schenkte auch gleich ein. »Es muß doch eine feine Sache sein, 'n berühmter Schriftsteller zu sein«, meinte Graf von Retzlow.
»So so lala – manchmal jeht es einem och an die Nerven. Überall wose hinkommen, stellt Ihnen jemand dieselben blöden Fragen.«
Graf von Retzlow war etwas betreten. »Und? Keene anjenehmen Seiten bei der Berühmtheit?«
»Naja, manchmal schon. Neulich, da jehe ick in eine Konditorei, und da sagt der Konditor zu mir: Sie sind doch der Fürst Pückler. Ja, saje ich, und da sagt er: Auf Ihnen hab ick jrade jewartet, und er jeht ab nach hinten und jibt mir 'ne Eisbombe.«
»Ne!«
»Doch. Ick saje: wieso denn dieses? Und er: Ick habe Ihre Bücher so jerne jelesen, daß ick Ihnen och mit was von mir Freude machen wollte. Ick bedanke mir und jehe nach Hause, und was soll ich sagen: beste Eisbombe von's janze Leben, so wahr ick hier sitze!«
»Tadellos!«
»Wirklich! Phänomenal. Und det Schönste kommt noch: der Konditor fragt mich, ob ich wat dajejen hätte, wenn er die Eisbombe mit meinem Namen verkaufen würde. Ick sage ne, und so jibt es jetzt bei ihm eine Eisbombe Fürst Pückler. Drollig, was?«
»Ulkije Sache!«
»Falls ick unsterblich werde, dann jetzt och noch wejen det Eises!«
»Sie werden ja wohl ihrer Bücher wejen überleben, Bester.«
»Sie aber nicht Ihrer Rosen wejen, Retzlow. Holense mal Ihren Järtner, und dann wollen wir die Sachen in Ord-

nung bringen.« Und das Eis war schnell vergessen, als sich die Herren an die Rosen machten. Graf von Retzlow hatte bald den schönsten Rosengarten von ganz Berlin.

Heute denkt jeder an Eis, wenn er von Fürst Pückler hört. Hermann, Fürst von Pückler-Muskau (1785–1871) war zu seiner Zeit ein berühmter Reiseschriftsteller. Seine Kenntnisse der Gartenbaukunst haben ihm ebenfalls einen Namen gemacht – doch im Vergleich zu dem Eis, das seinen Namen trägt, ist das alles vergessen.
Der Konditor, der dem Fürsten »sein Eis« gewidmet hat, hörte auf den Namen Schulz – die Geschichte ist verbürgt.
Die Mischung aus Erdbeereis, Vanilleeis und Schokoladeneis, die heute als Fürst Pückler-Mischung angeboten wird, ist eine Verfälschung des Rezeptes – mehr noch, sie hat mit dem wirklichen Rezept dieses preußischen Lebenskünstlers (wirklich ein seltener Fall) nicht mehr das geringste zu tun.

Fürst-Pückler-Eis
Man zerbröselt 125 Gramm Makronen und tränkt sie in Maraschino, damit sie ein wenig quellen.
½ Liter Schlagsahne wird steif geschlagen und mit Puderzucker gesüßt. Man gibt die getränkten Makronen unter und teilt die Sahnemenge in drei gleichgroße Teile.
Das erste Drittel wird mit einem Gläschen Maraschino vermischt und parfümiert. Das zweite Drittel bekommt seine Farbe und seinen Geschmack dadurch, daß man ein paar Löffel Erdbeerpurree unterhebt, das dritte bekommt ein paar Eßlöffel geriebene zartbittere Schokolade als Geschmack.
Man schichtet nun in einer verschließbaren Form diese drei Sahnemischungen übereinander: zuerst die Erdbeersahne, dann die Maraschinosahne, dann die Schokoladensahne.
Im Gefrierfach läßt man das Parfait fest werden.

Ich bin mir nicht sicher, ob das Eis wirklich nur mit Sahne gemacht wird (was möglich ist), oder ob es sich nicht doch in der Masse um ein Parfait handelt: Eigelb werden mit Läuterzucker vermischt, man schlägt bei schwacher Hitze (am besten im Wasserbad) und gibt dann die Sahne unter.

Der Franz, der kann's

Er war ein Domestik niederster Sorte, angestellt beim berühmten Fürsten Metternich, und er schuf die meistkopierte Torte der Welt, um die es sogar einen mehr als zehnjährigen Prozeß gab. Sowas ist nur in Österreich möglich, und so einer ist auch nur dort möglich: die Karriere des Franz Sacher war in der Tat märchenhaft.

Clemens Fürst Metternich hob abwehrend die Hand, als die Lobeshymnen seiner Gäste einsetzten. »Meine Damen, meine Herren – noch sind wir mit unserem Menü nicht am Ende. Man soll den Tag nicht vor dem Abend loben, wie man so schön sagt. Warten Sie noch den Kuchen ab – erst dann, bitte, den Beifall!« Sein rheinischer Akzent war unverkennbar, und es gab einige in seiner Abendgesellschaft, die sich daran stießen. Wenn der Mann, der angeblich Europa regierte, wenigstens ein waschechter Wiener wäre...

Die Fürstin Rofrano wies auf die Teller, die eben abgetragen wurden. »Mein Lieber, wenn danach noch etwas Besseres kommen sollte...«
»Warten Sie ab, Fürstin.«
»Und wer, wenn ich fragen darf, ist der Küchenmeister, den Sie uns so verwöhnen lassen?«
»Ein junger Mann. Er ist eigentlich nur eine Küchenhilfe, aber meine Leute haben ihn beobachtet...« Fürst Metternich lächelte bei diesem Satz: Er ließ gerne durch seine Leute beobachten, nicht nur in der eigenen Küche. »Mein eigentlicher Küchenchef ist heute nicht da, ein Todesfall in seiner Familie – ich habe dem jungen Mann eine Chance gegeben, er hat sie genutzt.«
Das Gespräch wandte sich anderen Punkten zu, während Besteck und Teller für den Kuchen aufgelegt wurden, die Bedienung geschäftig die Gläser auswechselte und Champagner auftrug. Vom Hambacher Fest begann einer zu reden, aber Metternich winkte ab. »Diese Demokratenbande muß man hart angehen. Gegen Demokraten helfen nur Soldaten – aber wir bekommen das Gesindel in den Griff, garantiere ich Ihnen.« Er wandte sich zur Türe. »Aber jetzt lassen Sie uns den Abschluß ohne politisches Gerede genießen, ein politisch Lied, ein garstig Lied, wie der Herr Goethe sagt. Bitte, die Herrschaften!«
Die Kellner trugen Torten herein, klein im Durchmesser und nicht allzuhoch, ohne Verzierung, schlicht mit Schokolade übergossen. Enttäuschung machte sich breit, mehr noch, als nur kleine, schmale Stücke auf die Teller gelegt wurden, dazu ein winziger Klecks Schlagobers.
»Na«, sagte der Fürst Colloredo, »das wird wohl eher ein trauriges Finale und kein Furioso, was?« Seit einer seiner Vorfahren Mozart hinausgeworfen hatte, liebte er es, sich in musikalischen Phrasen auszudrücken.
»Ich habe gelernt, lieber Fürst«, antwortete Metternich, »erst nach Prüfung der Tatsachen zu urteilen. Lassen Sie uns die Tatsachen prüfen.«
Sie prüften. Und sie verstummten. Und sie prüften nochmal. Die Fürstin Rofrano brach das Schweigen: »Mon dieu, lieber Metternich, ich muß sagen – dergleichen habe ich noch nie gegessen!«
Viele der Gäste baten sich den jungen Koch aus, er solle ihnen bei einem Empfang aushelfen, zumindest die Torte, den Kuchen für sie bereiten. Lächelnd sagte Fürst Metternich zu.

Als seine Gäste ihn verlassen hatten, fragte er erst die Lakaien aus, die hinter den Stühlen gestanden hatten. Sein Sekretär notierte sorgsamst die Gespräche, die stattgefunden hatten, vor allem, wenn es sich um politische Äußerungen handelte. »Nichts, was ich nicht schon gewußt hätte. Die meisten sind schlicht und einfach Trottel«, äußerte der Fürst. »Ich frage mich, warum ich mich für sie aufopfere. Sollen die Demokraten sie doch wegfegen wie faules Stroh. Dumme Leute, wirklich.« Er überlegte einen Moment, stand auf und trat ans Fenster. Er schenkte sich gedankenverloren ein Glas Sekt ein. Und ließ den Koch holen.
»Franz«, sagte er zu ihm, »Franz – ich bin sehr zufrieden mit ihm. Wenn er will, habe ich Großes mit ihm vor.«
Der Franz schüttelte den Kopf. »Ich hab selber Großes mit mir vor«, sagte er.
Der Fürst war verwundert. »Und?«
»Ich will mir selber gehören.«
»Er wird kein Glück dabei haben.«
»Ich will es versuchen, Durchlaucht. Ich habe gespart, die Frau hat einiges Geld, wir wollen uns einen Laden kaufen.«
Der Fürst nickte langsam. »Er gefällt mir. Hat Unternehmungsgeist. Hat Fähigkeiten. Ich will ihm helfen, wenn er will.«
»Wir haben uns selber genug, Durchlaucht. Aber wenn Durchlaucht wollen ...«
»Er mag zu mir kommen, wenn er es muß.«
Die Affaire war erledigt. Schade, dachte der Fürst, den hätte ich gerne behalten. Es werden sich andere finden, dachte er aber auch. Und der Franz Sacher wird sich vielleicht nicht durchsetzen können und zurückkommen. Dann, dachte der Fürst, will ich ihn gerne wieder aufnehmen.

Er ist nicht zurückgekommen, der Franz Sacher, im Gegenteil: der Hochadel kam zu ihm. Das Hotel Sacher, direkt gegenüber dem Hintereingang der Staatsoper in Wien, ist eines der schönsten Hotels der Welt, allerdings auch eines der teuersten. »In seinen Betten schlief Österreich«, wurde gesagt, und es stimmte. Die Nähe zur Hofoper führte dazu, daß die jungen Adligen des Hofes, wenn sie sich in der Pause oder nach der Vorstellung mit

ihren Mädels vom Ballett trafen, das Sacher als Nobel-Absteige benutzten. Die Nähe des Hofes führte dazu, daß die Hofleute, wenn sie Hunger hatten, im Sacher speisten. Und Hunger hatten sie oft: der Kaiser Franz-Joseph hielt keine gute Küche, er aß wenig und schnell, und wenn er aufhörte, so wollte es das Zeremoniell, mußte auch der Hof mit Essen aufhören. Hunger hatten sie also – und das Sacher hatte die richtige Küche.
Noch heute streiten sich das Sacher und das nicht weit ab am Ring gelegene Hotel Imperial darüber, wer das vornehmste Hotel ist und wer die beste Küche hat – ich finde: das Imperial ist vornehmer, das Sacher wienerischer, und die bessere Küche hat es auch. Sein Apfelstrudel und der Tafelspitz sind in Wien unerreicht.
Die berühmte Sachertorte – die kann man allerdings auch woanders essen. Denn einer der Abkömmlinge des Franz Sacher verkaufte das Rezept an die k.u.k.-Hofkonditorei Demel; dadurch entbrannte ein heißer, auch juristischer Streit – wer durfte sein Backwerk »Original Sacher-Torte« nennen? Zehn Jahre arbeiteten teure Juristen daran, erregte sich ganz Österreich, und das Urteil zeigte, daß Kakanien immer noch existiert. Die Original-Sacher-Torte müsse beim Hause Sacher bleiben, befand das Gericht, aber der Demel, der dürfe die seine »Original Eduard Sacher-Torte« nennen. Da sage einer, Salomon sei kein Wiener...
Die beiden Torten unterscheiden sich im wesentlichen dadurch, daß im Demel die Marillenmarmelade nicht auf den Teig obendrauf, sondern in die Mitte des Kuchens gestrichen wird – meines Erachtens macht das den Kuchen, der die Neigung hat, auszutrocknen, wenn man ihn nicht frisch ißt, etwas saftiger. Aber das ist schon fast wieder Ansichtssache.
Jedenfalls: zu einem Original-Wien-Besuch gehört ein Besuch im Original-Sacher, sei's im Restaurant (wo man ohne Schlips immer noch nicht rein darf und Damen in Hosen ebenfalls abgewiesen werden), oder sei's im Café oder der gemütlichen Sacher-Stube, wo man einen Theaterabend ausklingen lassen kann. Und die Torte darf nicht fehlen, ob beim Sacher oder am Kornmarkt beim Demel.

Sachertorte

Das wirkliche Originalrezept ist ein Geheimnis, ich bin deshalb angewiesen auf das, was das Haus Sacher öffentlich als Sachertortenrezept verlautbart. Das ist schon kompliziert genug.

130 Gramm vorgewärmte Butter mit etwas Vanillezukker und 100 Gramm Puderzucker schaumig rühren, nach und nach sechs Eigelb und 130 Gramm zerlassene bittere Schokolade unterrühren. Die sechs Eiweiß steifschlagen, 100 Gramm Kristallzucker zugeben, die Masse vorsichtig unter die Eigelb-Schokolade-Masse unterheben. Vorsichtig 130 Gramm Mehl (gesiebt) zugeben.

Diesen Teig im Ofen bei 175 Grad anbacken, dann den Ofen leicht öffnen, damit der Teig sich hebt (eine Viertelstunde lang), dann Ofen schließen und 1 Stunde fertigbacken.

Herausnehmen und abkühlen lassen.

Währenddessen wird die Glasur vorbereitet: 200 Gramm Zucker mit etwas Wasser aufkochen und auskühlen lassen. 150 Gramm Schokolade zergehen lassen und mit der Zuckerlösung zu einer dickflüssigen Paste verrühren. Diese Glasurmasse muß noch leicht warm sein, sonst wird sie nicht glänzend. Das ist zwar nicht die Originalglasur, die wird etwas anders und komplizierter gemacht, aber für unsere Zwecke tut's die auch.

Die Torte wird jetzt aus der Form gelöst und gestürzt – man bestreicht den Boden mit warmer Marillenmarmelade (oder schneidet die Torte durch und bestreicht die Schnittstellen damit). Dann stürzt man die Glasur auf einmal drüber und streicht schnell glatt.

Kaltwerden lassen und nicht verzieren! (Das Haus Sacher verwendet eine Art Schokoladensiegel – mehr darf nicht sein.)

Dazu reicht man Schlagobers.

Wem das zu kompliziert ist, der kann die Torte auch in Wien bestellen. Die Häuser Sacher und Demel versenden in die ganze Welt. Für teures Geld, versteht sich.

Physiologie des Kuchens

Wie die große Küche einen der berühmtesten Gastrosophen in Erinnerung behält: durch einen Nachtisch, ein Gedicht aus Kuchen, Sahne, Obst und Alkohol.

»Ein Hauch von Frühling« – so nennen die Pariser die Zeit, in der das erste schüchterne Grün sich vorwagt, die Sonne um die Mittagszeit schon so heiß brennt, daß man in den kleinen Restaurants und den Cafés die Tische hinausstellt. Nie ist Paris so schön wie in dieser Zeit, den ersten warmen März- und Apriltagen. An einem solchen Frühlingstag ließ sich ein elegant gekleideter Herr am Tisch eines kleinen Cafés in der Nähe des Palais Royal nieder und bestellte einen Cognac.

Als der Garçon das kleine Glas brachte, prüfte er vorsichtig das hellbraune Getränk, wiegte zweifelnd den Kopf und trank einen kleinen Schluck.
»Wohl nicht die allererste Klasse?« ertönte eine Stimme neben ihm. Er drehte sich um und stand auf. »Sie sind wieder hier?« entfuhr es ihm erfreut. Der also Apostrophierte, ein Mann von etwa fünfzig Jahren, nickte. »Ich bin wieder hier.«
»Sie haben es in Amerika nicht lange ausgehalten, wie?« fragte der Elegante.
»Jetzt, wo die Köpfe wieder etwas fester auf den Schultern sitzen, scheint es mir hier angenehmer zu sein.« Er setzte sich an den Tisch des eleganten Herrn. »Bleiben Sie ruhig beim Cognac«, riet er ihm. »Der Café ist hier noch schlechter.« Er winkte dem Garçon und orderte ebenfalls einen Cognac. »Die Küche ist ein wenig verkommen, seit ich wegging. Kein Wunder, nachdem man die besten Köche geköpft hat. Aber das wird jetzt wieder anders.«
Der elegante Herr nippte an seinem Glas. »Was tun Sie hier, Monsieur Brillat-Savarin?«
»Ich habe einen Posten beim Appellationsgericht bekommen. Das läßt mir Zeit, mich ein wenig um den guten Geschmack zu kümmern. Ich gedenke ein Buch darüber zu schreiben. Und ich gedenke zu kochen. Neue Gerichte zu kreieren.«
»Ach? Brauchen wir das?«
»Die Entdeckung eines neuen Gerichtes, mein Lieber, ist für das Glück der Menschheit von größerem Nutzen als die Entdeckung, beispielsweise, eines neuen Gestirns.«
»Da will ich Ihnen nicht widersprechen.«
»Tiere fressen, der Mensch ißt –«
»– aber nur der Mensch von Geist versteht wirklich zu essen«, vollendete der elegante Herr.
»Sie kennen diesen Ausspruch?«
»Das Bonmot macht seine Runde in den Salons.«
»Sehr schön. Man hat mich also nicht vergessen.«
»Nein.«
Die beiden verstummten und tranken ihren mittelmäßigen Cognac. Brillat-Savarin brach das Schweigen. »Die große Küche kann auch für das soziale Zusammenleben der Menschen einiges bewirken.«
»Ach?«
»Ich fand neulich am Seine-Ufer einen Invaliden, er

zitterte, so eine Krankheit, Sie verstehen, der Mann zitterte ohne Unterbrechung, scheußlich, geradezu widerlich. Aber als ich ihn sah, wußte ich, wie ich ihm und mir helfen konnte. Ich stellte ihn bei mir an, für ein paar Sous, der Mann war's zufrieden, und ich habe jemand für meine Nachtische.«
»Das verstehe ich nicht.«
»Ich lasse ihn meine Erdbeeren zuckern. Ich gebe ihm die Puderzuckerdose, und durch sein Zittern, nicht wahr, zuckert er so gleichmäßig, wie es ein Gesunder nie kann.« Brillat-Savarin bestellte noch einen Cognac.
»Sehr sozial gedacht«, sagte der elegante Herr.
»Ich habe übrigens einen neuen Nachtisch erfunden. Einen Hefekuchen, vorsichtig gesprochen, mit Alkohol getränkt, etwas Sahne und Obst dazu – ich finde, unsere Nachtische sind so eintönig, daß wir einige neue brauchen könnten, nicht?«
Der elegante Herr, befriedigt über das soziale Empfinden des berühmten Feinschmeckers, nickte schläfrig. Die beiden Herren schwiegen wieder und blickten in die milde Frühlingssonne. Das erste Grün war zu sehen. Es war schön in Paris – wenn man elegant und berühmt und nicht invalid war.

Jean Anthelme de Brillat-Savarin (1755–1826) ist einer der berühmtesten Gastrosophen Frankreichs. Er stammte aus Belley im Jura, aus einer Juristen- und Beamtenfamilie. Er selber studierte Jura und wurde zunächst Zivilrichter in Belley. Er sympathisierte mit den Ideen der Revolution, war 1789 in Paris Mitglied der Konstituierenden Versammlung und Präsident des Zivilgerichts. Er wurde seines Amtes wieder enthoben, und als die Girondisten vernichtet wurden, floh er nach Amerika. 1796 kehrte er wieder zurück und wurde Richter beim Oberappellationsgericht. 25 Jahre lang arbeitete er an seinem Hauptwerk, der »Physiologie des Geschmacks«. Das Buch erschien ein Jahr vor seinem Tod, enthält philosophische, medizinische und gesellschaftliche Betrachtungen über das Essen, aber kaum Rezepte. Dennoch machte ihn dieses Buch unsterblich. Die Geschichte vom Puderzucker-schüttelnden Invaliden ist verbürgt. Sie zeigt, unter anderem, die Grausamkeiten des guten Geschmacks und die Art, wie die feine Gesellschaft damals (damals?) mit den Unterprivilegierten umging. Vielleicht schmeckt danach manchem der Nachtisch nicht mehr so gut, mit dem Brillat-Savarin die Speisekarten bereicherte.

Für mich ist nicht strittig, ob man den Savarin mit Zwetschgenwasser oder Himbeergeist tränkt. Ich glaube, beides ist falsch. Man kocht Läuterzucker auf und aromatisiert ihn mit Rum. Das ist das Aromatischste und Würzigste.

Savarin

Für einen Savarin muß zunächst der Hefekuchen hergestellt werden. 350 Gramm Mehl werden gesiebt, in eine Vertiefung des Mehls werden 15 Gramm Hefe gebröckelt, die man mit etwas lauwarmer Milch und einem Teelöffel Zucker und etwas von dem Mehl außenherum verrührt. Zudecken und cirka eine halbe Stunde gehen lassen. Dann gibt man ein Achtel Milch, zwei Eier, etwas Vanillezucker, 100 Gramm Zucker und 100 Gramm Butter zu, verrührt alles zu einem lockeren Hefeteig (kräftig schlagen) und läßt eine halbe Stunde gehen. Die Teigmasse reicht für mindestens zwei Savarin-Formen (kleine Rührkuchenformen). Gut buttern, in die Formen geben, nochmal etwas gehen lassen und ca. eine halbe Stunde bei 200 Grad backen.
Den abgekühlten Kuchen aus den Formen nehmen, die Oberfläche mehrfach einstechen, den Kuchen mit Alkohol tränken – es ist strittig, ob mit Zwetschgenwasser oder Himbeergeist. Ich plädiere für Zwetschgenwasser.
Den gut getränkten Kuchen mit Sahne garnieren, in die Vertiefung gedünstete Zwetschgen (oder, wenn man Himbeergeist genommen hat, Erdbeeren) geben. Mit einem Gläschen Alkohol parfumieren. Die Schlagsahne mit geraspelten Pistazien bestreuen.

Ein Pudding für den Zaren

Am Hof von Petersburg schenkte einer der berühmtesten Köche seiner Zeit, Antonin Carême, dem Zaren ein Rezept: es wird heute auf der ganzen Welt gegessen.

Es war nicht eigentlich kalt, aber Antonin Carême fühlte sich dennoch nicht sehr wohl in der russischen Hauptstadt. Es war ihm zu windig, und überhaupt – die Stadt sah zwar an manchen Tagen und in manchen Winkeln so aus wie Paris, aber es war eben nicht Paris.
Und die Tischsitten ... angewidert schüttelte er seinen Kopf. Man aß viel in Petersburg und reichlich, aber man aß nicht gepflegt. Man verköstigte sich, mehr nicht. Und er zweifelte, ob es ihm, dem berühmtesten Koch Frankreichs, gelingen würde, die Russen zu etwas mehr Kultiviertheit zu führen. Das heißt, die Russen, die es sich leisten konnten, also den Adel, den Hof, die höchste Geistlichkeit. Carême sah zwar, wie elend große Teile des Volkes lebten (da er nie über Land fuhr, entging ihm allerdings das Schlimmste), aber er bemerkte es nicht. Zu seiner Zeit achtete man auf dergleichen nicht. Zumal nicht, wenn man Carême war: der König der Köche und der Koch der Könige.
Er schlüpfte in seine weiße Jacke und entfernte einige nicht existierende Stäubchen. Er hatte mit dem Haushofmeister nun das Menü des Tages zu besprechen. Zar Alexander I., der Kaiser aller Reussen, war ein anspruchsvoller Mensch. Der Haushofmeister auch – und deshalb war er immer wieder verwundert, wieso dieser Koch aufrecht vor ihm stehen blieb, ihm nur hoheitsvoll zunickte. Von seinen Muschiks war er anderes gewohnt – aber er schob es darauf, daß ein Ausländer nun einmal nicht wisse, was sich am russischen Hofe schickt.
»Seine Majestät haben einige Wünsche geäußert«, begann die Hofschranze zurückhaltend. »Seine Majestät wünschen heute ein ausführliches Menü. Seine Majestät speisen in kleinstem Rahmen.« Er zögerte. »Nur – seine Majestät und – äh – ein Gast. Ein einziger, Sie verstehen?«

Carême verstand sehr wohl. Er schätzte diese »intimen Soupers« nicht, er kochte lieber ausführlicher, für größere Gesellschaften, aber die Wünsche des Zaren gingen nur allzuoft in diese Richtung. »Haben seine Majestät irgendwelche Vorstellungen bezüglich der Kombination?« fragte er. Der Haushofmeister verneinte. »Seine Majestät wünschen leichtere Kost. Der – äh – Gast seiner Majestät mag keinen Fisch.« Auch das noch – Carême seufzte innerlich, aber er hörte weiter zu. »Der Gast seiner Majestät mag keine scharf gewürzten Speisen, keine treibenden Gemüse, kein Wild und kein rohes Fleisch. Vor allem aber« –, der Haushofmeister näherte sich: »der – äh – Gast seiner Majestät mag keinen Knoblauch. Sie verstehen: auch keinen Hauch von Knoblauch!«
Carême pflegte vor allem seine Suppen immer dadurch zu würzen, daß er ein paar Knoblauchzehen im Dampf der Suppe wendete, um diesen leichten Hauch zu erreichen. Er seufzte nochmal – diesmal laut. Der Haushofmeister warf ihm einen bösen Blick zu. Diese Franzosen! Kein Wunder – sie hatten ihren König ja auch geköpft, wie konnten sie vor einem Zaren Respekt haben! »Gibt es etwas«, fragte Carême leicht gereizt, »was der – äh – Gast seiner Majestät schätzt?«
»Süßes«, antwortete der Haushofmeister, dem die Betonung des Kochs nicht aufgefallen war. Das Französisch am Petersburger Hof war nicht allzu gut.
Carême nickte. Das hatte er vermutet. Der Geschmack des Zaren bezüglich seiner – äh – Gäste deutete eindeutig darauf hin, daß diese vor allem Süßspeisen schätzten. Carême deutete eine Verbeugung an und wollte gehen, der Haushofmeister hielt ihn zurück. »Seine Majestät legen viel Wert auf das Souper heute, und wären sehr erfreut, wenn Sie bezüglich der Süßspeise sich etwas besonderes einfallen ließen, Sie verstehen?«
Carême verstand schon wieder. Er ging in seine Küche, einen riesigen, viel zu unübersichtlichen Saal, mit dem er ständig Schwierigkeiten hatte, weil er die einzelnen Köche nicht beaufsichtigen konnte. Auf dem Weg dahin überlegte er – was könnte er anbieten? Sein Entschluß war gefaßt, als er die Türe des Gewölbes öffnete. »Jean!« rief er, und sein Gehilfe, der einzige, den er von Paris mitgebracht hatte, stürzte auf ihn zu. »Jean, wir werden heute einen neuen Nachtisch erfinden.«
Jean grinste. »Und welchen, Maître?«

»Du erinnerst dich, was ich seinerzeit mal für Königin Charlotte von England gemacht habe, diesen Pudding mit Biskuits?«
»Ja, so grob, denke ich, kriege ich es noch zusammen. Ich glaube, ich habe es sogar irgendwo notiert.«
»Fein. Das werden wir ein wenig abwandeln, und dem Zaren als neue Création vorstellen – was meinst du?«
»Sie wissen, daß Sie das Rezept in England damals verkauft haben?«
»Teufel!« Carême konnte sich nicht mehr daran erinnern, aber mit einer Handbewegung schob er den Einwand beiseite, und sagte: »Macht nichts – nennen wir es Charlotte russe – und schon ist es was anderes!«

Französische Koch-Apologeten legen sogar Wert darauf, daß dieser Nachtisch »Charlotte parisienne« heißen sollte, aber das stimmt nun auf keinen Fall.
Die Charlotte ist für Königin Charlotte, die Gemahlin Georgs III., erfunden worden. Und die »Charlotte russe« verdanken wir dem Wunsche Zar Alexanders I. nach einem speziellen Nachtisch.
Antonin Carême (1784–1833) war, wenn man so will, der theoretische und vor allem praktische Gegenspieler Brillat-Savarins, er wurde tatsächlich der König der Köche und der Koch der Könige genannt – unter ihm wurde die klassische französische Küche vollendet. Seine besonde-

re Spezialität waren Pasteten, die er aufs Zarteste zu backen wußte. Carême wußte, daß die Augen zu einem großen Teil mitessen, deshalb legte er großen Wert darauf, die Speisen aufs Kunstvollste zu verzieren. Carême arbeitete am englischen, russischen und österreichischen Hof. Er hat einige bedeutende Kochbücher verfaßt: »Le Maître d'hôtel français« und »L'Art de la Cuisine française«.

Charlotte russe
Das Rezept einer Charlotte ist sehr kompliziert. Heutzutage wird sie oft nur mit Pudding gefüllt, aber das ist unzulässig. Die Füllung muß eine bayrische Crème sein. Eine Springform (nicht zu groß) wird mit Pergamentpapier ausgelegt, Boden und Wand werden dicht mit Löffelbiskuit belegt, man füllt die Form mit einer bayrischen Crème, man läßt erkalten, stürzt und garniert mit Sahne und kandierten Früchten.
Das klingt sehr einfach, aber bei einer bayrischen Crème oder crème bavaroise kann viel schiefgehen. Diese Crème kann in vielen Geschmacksvarianten hergestellt werden, in einer Charlotte russe wird sie normalerweise mit Schokolade versetzt.

Crème bavaroise
Das Grundrezept: 3 Eigelb mit 125 Gramm Zucker schaumig rühren, ¼ l Milch aufkochen lassen und in dünnem Strahl langsam darunterrühren (das ist ein Punkt, an dem leicht etwas schiefgehen kann), etwas Gelatine zufügen (ein Päckchen), gut durchrühren, damit sich die Gelatine nicht unten absetzt und erstarren lassen. Quasi im letzten Moment (auch das ist schwer zu berechnen) ¼ geschlagene Sahne unterheben, dann erkalten lassen.
Diese Crème kann man, wie gesagt, parfumieren: mit etwas Orangensaft zum Beispiel (in dem man die Gelatine quellen läßt), dann gibt man noch ein wenig geriebene Orangenschale bei. Oder mit geraspelter Schokolade, oder mit ein wenig zerlassener Schokolade (am Anfang zugeben, wenn die Milch schon dabei ist).
In eine Charlotte gibt man die Crème erst, wenn man die Sahne untergehoben hat.

Von der Newa an den Nesenbach

Man sagt, richtig schwäbisch könne man nur sprechen, wenn man eine heiße Maultasche im Mund habe. Dieses urschwäbische Gericht kommt aber wohl aus dem fernen Rußland – eheliche Beziehungen haben's möglich gemacht.

»Und wie soll des gehe?« fragte die voluminöse Köchin ärgerlich. »Sowas hab ich noch nie gemacht!«
Der Koch machte die Bewegung der Verwunderung: »Oimol isch elleweil 's erschte Mol gwä!« Er zeigte auf das weißbemehlte Backbrett. »No fang o!«
Mit einem Gesicht, das allen Schmerz der Welt ausdrükken sollte, packte die Köchin das Nudelholz. »Auswelle! So ein Bachel!« Wütend machte sie sich an den Nudelteig. –
Der Diener, der für das Servieren zuständig war, rümpfte die Nase, als er die Teigflecke in der Suppe sah. »Und was soll des sein?« fragte er in einer vornehmeren Ausgabe des Stuttgarter Dialekts, da er gelernt hatte, daß man in besseren Kreisen aufs Hochdeutsche in gewissen Grenzen Wert legte. »Das soll man esse könne?«
Der Koch nickte. »Trage se's nur naus, die Herrschaft hat's so habe welle! No sollet se's au so esse!«
Der Diener schüttelte den Kopf, packte sichtlich indigniert das Tablett und trug es vor sich her, mit einem Gesichtsausdruck, wie wenn er einen heißen Kübel mit Jauche zu befördern hätte. –
Die Gesichter der Gäste waren nicht weniger mißtrauisch: »Was soll das sein?« fragte der eine, der andere schnupperte vorsichtig an dem Stück Teig und der Brühe.
Der Graf lächelte und klopfte an sein Weinglas. »Des hen i von dene Russe mitbrocht«, erklärte er (in den wirklich feinen schwäbischen Kreisen war es Sitte, wieder sehr

ausdrücklich schwäbisch zu sprechen – eine Einstellung, die sich bis heute nicht geändert hat).
»Aus Rußland? Ach wie ulkig!« meinte die Frau des preußischen Botschafters, die neben ihm saß. »Und was ist das?«
»Des send so wenzige Täschle aus Nudelteig, die mir gefüllt hent«, sagte der Graf. »Mit Käs und Spinat; und ein bißle Fleisch isch au dabei.«
»Ah – wie Ravioli?« fiel ein anderer Gast ein. Der Graf schaute ihn fragend an: »Was isch des?«
»Ravioli – kleine Teigtäschchen aus Italien, die man füllt, mit allem möglichen, Fleisch, Schinken und so.«
»Hano – fascht so was, ja. Aber mir meget da wenig Fleisch drin, des isch uns zu deier!«
Alle lachten – schließlich mußte eine solche Anspielung des Gastgebers auf die sprichwörtliche Sparsamkeit der Stuttgarter Eingeborenen pflichtschuldigst amüsiert aufgenommen werden.
»Meine Schweschter hat sich nämlich einen Mann aus Rußland gesucht«, fuhr der Graf fort, »und bei der Hochzeit hab ich des kennegelernt, und mein Koch hat sich des Rezept aufg'schriebe, und da hab ich mir gedacht, des bringscht du mit nach Schduagart. Vielleicht schmeckts deine Landsleit.«
Alle probierten, und alle fanden es ein wenig fad. »Fast etwas für hohe kirchliche Feiertage«, bemerkte ein ebenfalls anwesender hoher pietistischer Würdenträger, dem seine Einstellung von der Welt als Jammertal in tiefen Furchen ins Gesicht gegraben war. »Wenn uns ein Fasten ankommt ...«
»Also i glaub, daß des was für hier isch«, meinte der Gastgeber. »Des paßt prima zu unserm Wein, und wenn der Kerle mal ein bißle sauer isch, oder des Jahrgangsgschmäckle ein bißle zu grasig, dann sind die Fleckle do genau des Rechte!«
»Und wie heißt das?« fragte jemand aus der Tischrunde.
»Maultaschen nennen wir des.«
»Is ja ulkich«, schnarrte der preußische Gesandte. »Schwäbische Küche war ja immer etwas eijenartich, aber det hier – ne. Kann ick mir nich so recht vorstellen. Russische Küche im Schwabenland, oder ›Ländle‹, wie Sie ja wohl hier sajen – ne!«
»Also die Beziehungen unseres Kenigshauses zu den Russe sind immer die beschten gwä«, sagte der Graf.

»Was man von den Ihren ja net so unbedingt behaupte ko, oder?«

Der preußische Gesandte strich sich über seinen Schnurrbart. »Politisch jehe ick mit Ihnen einich, liebster Graf, aber kulinarisch – ne. Denn doch lieber jute Beziehungen zum Erbfeind Frankreich, was? Wie schon der alte Jöthe sacht: Ein deutscher Mann mag keinen Franzmann leiden, doch seine Weine, ja, die trinkt er gern – oder so.«

Im allgemeinen Gelächter beschloß die Tischgesellschaft, Maultaschen keine Zukunft in schwäbischen Landen zu geben.

So könnte es gewesen sein. Wobei die Betonung auf »könnte« liegt. Denn so ziemlich alles an ihnen ist umstritten, außer: daß sie in sich das Herz und den Geist des Schwabenlandes tragen – kein schwäbisches Gericht ist so durch und durch schwäbisch wie sie. Weshalb die Behauptung, Maultaschen seien gar nicht schwäbischen Ursprungs, sicher laute Proteste zur Folge haben wird.

Soviel ist sicher: irgendwoher kommen sie in dieses Land, an dem aus vielen Gründen (das Land war arm, die Gewürzstraßen liefen daran meist vorbei) die europäische kulinarische Entwicklung ein wenig vorübergegangen ist. Es gibt viele Theorien: sie sollen aus Italien kommen, die Nähe zu den Ravioli ist ja unleugbar. Dabei sind ja Ravioli selber vielleicht ein italienischer Import aus China (obwohl Italien zu Marco Polos Zeiten die Nudel schon kannte. Marco Polo berichtet davon, daß man in China Nudeln äße, »genau wie bei uns«). Der Name der Tiroler Herzogin Margarete Maultasch wird oft auf Maultaschen bezogen: sie soll entweder die Erfinderin sein oder einen Mund wie eine Maultasche gehabt haben. Beide Versionen sind vermutlich falsch: der Name der Herzogin kommt wohl von einem Ort her und nicht von ihrem Aussehen oder gar von ihren Kochkünsten.

Die Version, daß die Maultaschen aus Rußland kommen, hat wohl am meisten für sich: zu Zeiten des württembergischen Königtums gab es viele persönliche Beziehungen zum Zarenhof, man heiratete fleißig hin und her. Dabei könnten die Maultaschen ins »Ländle« gekommen sein. Wahrhaft national gesinnte Schwaben mei-

nen, es sei umgekehrt gewesen. Das ist nicht zu widerlegen, aber unwahrscheinlich. Möglich allerdings ist, daß die Maultaschen in beiden Ländern existiert haben und sich nur gegenseitig beeinflußt haben.
Auf jeden Fall zeigt die Maultasche einen tiefgreifenden Zug des Schwaben: sie ist oder war ursprünglich ein Fastenessen. Das manchmal darin enthaltene Fleisch wurde einfach als »Nicht-Fleisch« deklariert. Maultaschen ißt man in der Brühe, in Streifen geschnitten mit Ei und Kräutern oder »geschmälzt«, in Brühe gekocht und mit gerösteten Zwiebelringen oder in Butter gerösteten Semmelbröseln bestreut. Das klassische Gründonnerstagsessen ist die Maultasche in der Brühe, am Karfreitag ißt man sie geschmälzt und am Karsamstag geröstet mit Ei und Salat. Danach kann man sie in der Regel ein Jahr lang nicht mehr sehen.

Für ein solches Rezept aus der Hausfrauenküche gibt es natürlich keine verbindlichen Vorschriften. Ich schlage vor, dem Teig noch zwei Eßlöffel Olivenöl beizugeben, dann gelingt er besser.

Maultaschen

Es gibt Hunderte von Maultaschenrezepten – je nachdem, wie man sie füllen mag. Gemeinsam ist allen der Nudelteig.
500 Gramm Mehl und vier Eier werden zusammengeschlagen, mit einem Spachtel oder der stumpfen Klinge eines Messers. Etwas Salz und 1/8 Liter Wasser kommen dazu, man knetet den Teig schön locker und luftig. Dann rollt man jeweils ein Viertel davon dünn aus.
Jeweils auf die Hälfte des Teiges kommt nun die Fülle, man schlägt die andere Hälfte darüber, teilt mit dem Rand eines Brettchens oder eines Tellers den Teig in Quadrate und trennt die mit dem Messer ab. 10–15 Minuten werden die Maultaschen in Wasser (nicht in Brühe!) gekocht. Erst dann gibt man sie in die heiße Brühe.
Die Fülle kann so aussehen: man blanchiert ein Pfund Spinat und wiegt ihn mit etwas Petersilie und Schnittlauch sehr fein. Dazu gibt man sechs eingeweichte und zerpflückte Semmeln, 200 Gramm Bratwursthack oder durchgedrehte Bratenreste, etwas Salz, etwas Muskat, 350 Gramm Hackfleisch und drei Eier. Die gut miteinander vermengte Fülle wird wie oben geschildert aufgestrichen.
Oder man nimmt statt des Bratwurstbräts Rauchfleisch. Das macht die Maultaschen etwas würziger.

Die Rezepte in alphabetischer Reihenfolge

Marquarts Lebenslauf

Alfred Marquart, Jahrgang 1945, kocht täglich und aus Neigung. Nach Studium, Tätigkeit an der Universität Heidelberg und während seiner journalistischen Hauptarbeit beim Südfunk Stuttgart fand er, daß Kochen die ideale Freizeitbeschäftigung und ein herrliches Mittel zum Abschalten von beruflichem Zores sei. Dieser Erkenntnis verdankt er viele schöne Stunden in Küchen (eigenen und fremden) und etwa zehn Kilo Übergewicht. Seit Jahren plaudert er im Südfunk auch über Rezepte und Kochkünste. Er kocht und ißt am liebsten italienisch und ist ein Feind jeglichen kulinarischen Schnickschnacks.
Die Geschichten dieses Bandes entstanden aus einer Serie über klassische Rezepte in »Für Sie notiert« und bei »Radio 3 Südfunk Stuttgart«. Geschrieben hat er vorher schon: »Glück zu verkaufen« (über Jugendliche und Werbung), »Wahrheit mit beschränkter Haftung« (über Medien), und »Frauenarzt von Bischofsbrück« (Nonsens/Satire).

Bucheggers Lebenslauf

Sepp Buchegger, Jahrgang 1948 aus Bayreuth, lebt als Karikaturist in Tübingen. Leidvolle Erfahrungen während des Studiums brachten die Erkenntnis, daß Selbstkochen die einzige Möglichkeit ist, dem Mensaessen zu entgehen. Nach dem (Lehrer-)Studium blieb das Kochen Hobby. Das ursprüngliche Hobby, Zeichnen nämlich, wurde zum Beruf. Heute arbeitet er hauptsächlich für das SCHWÄBISCHE TAGBLATT und den Südwestfunk. Buchegger mag – nicht immer in dieser Reihenfolge – Italienische Küche, italienischen und französischen Wein und italienische und Schweizer Berge.

Maiers Lebenslauf

Eugen Maier, Jahrgang 1938, hat sich mit schnörkelloser Küche und Durchhaltevermögen in Stuttgart seinen Namen gemacht. Im Degerlocher »Fässle« kocht er vorwiegend französisch – seine kulinarische Heimat sieht er auch in Frankreich.
Und das vor allem aufgrund seiner Ausbildung: Er hat in La Ciotad, Marseille, Nizza und der französischen Kochkunstmetropole Lyon gelernt, dazwischen ist er einige Zeit auf einem Schiff über die Weltmeere gefahren – kochenderweise. Über Genf kam er dann nach Stuttgart.
Er schätzt – neben dem Kochen – modernen Jazz, Graphik, Perigord-Trüffel und den Fußballverein Schalke 04. Außerdem sammelt er alles, was es im Zusammenhang mit Weltmeisterschaftsendspielen im Fußball zu sammeln gibt. Alfred Marquart zählt zu seinen Stammgästen.